Ehrlich gestanden . . .

Trude Marzik

Ehrlich gestanden . . .

PAUL ZSOLNAY VERLAG
WIEN · DARMSTADT

Umschlag und Einband: Werner Sramek
Satz: SRZ Satz Repro Zentrum Ges. m. b. H., Korneuburg
Druck und Bindung: Wiener Verlag
Printed in Austria
ISBN 3-552-04028-5

CIP-Kurztitelaufnahme der Deutschen Bibliothek
Marzik, Trude:
Ehrlich gestanden/Trude Marzik. – Wien; Darmstadt:
Zsolnay, 1988
ISBN 3-552-04028-5

Kleine Plauderei über Fragen, die immer wiederkehren

Man sollte meinen, den Lesern ist das Buch, der Inhalt eines Buches wichtig, und sonst nichts.

Aber anhand der Fragen, die mir im Laufe der Zeit gestellt wurden, muß ich feststellen: den Leser interessiert nicht nur der Inhalt eines Buches, er will auch über den Autor Bescheid wissen, über seine Person, seinen Werdegang, seine Art zu arbeiten.

Vor allem werde ich immer wieder gefragt, wann und wie „es" denn bei mir angefangen hat.

„Es", das Dichten.

Bei dem Wort „Dichten" zucke ich meist zusammen. Es klingt so erhaben, nach Lorbeer, hehrer Kunst und Unsterblichkeit. Ich fühle mich halt so gar nicht als Dichterin. Nach Lorbeer und Unsterblichkeit hat es mich noch nie gelüstet.

„Hat es mich noch nie gelüstet" – sehen Sie, kaum ist vom „Dichten" die Rede, klingt's schon geschwollen. Reden wir lieber vom Schreiben.

Und natürlich auch vom Lesen. Schreiben und Lesen gehören zusammen.

Warum schreibt der Mensch eigentlich?

Offenbar aus Bedürfnis, sich mitzuteilen.

Wir schreiben Briefe, Ansichtskarten, Glückwünsche, wir schreiben Rechnungen, kurz alles, was dem zwischenmenschlichen Verkehr dient.

Wir schreiben aber auch für uns selber: Tagebücher, Einkaufszettel und Bahnabfahrtszeiten, Stützen des Gedächtnisses.

Und alles, was wir schreiben, soll auch gelesen werden. Von jemand anderem oder von uns selbst.

Bei manchen Menschen ist das Mitteilungsbedürfnis so groß, daß ihnen die Privatsphäre nicht mehr genügt. Sie wollen ihre schriftlichen Äußerungen an die Öffentlichkeit bringen, an eine möglichst breite.

Diese Menschen werden dann Journalisten oder Schriftsteller.

Ehrlich gestanden: Ich hab' das nie gewollt.

Es hat sich eben so ergeben, wie sich im Laufe des Lebens manches ergibt. Man gelangt an einen Scheideweg, und je nachdem, ob man nun nach rechts oder nach links geht, entscheidet sich ein Stück Zukunft. Das Schicksal stellt die Weichen, oder weniger hochtrabend: der Zufall.

Stammen Sie aus einer musischen Familie?

Ich bin in eine kleinbürgerliche Familie hineingeboren worden. Mein Vater war kaufmännischer Angestellter, er ging ins Büro und er kam aus dem Büro; was er dort zu tun hatte, wurde mir nie erklärt, und ich habe auch nie danach gefragt. Meine Mutter besorgte den Haushalt, kümmerte sich um unser leibliches Wohl und widmete sich mit Hingabe meiner Aufzucht.

Die Großeltern waren alle in der Kaiserzeit nach Wien zugewandert, um in der großen Stadt bessere Lebensbedingungen zu finden, als ihnen ihre Heimatorte bieten konnten. Sie kamen aus dem Ungarischen und Böhmischen, aus Franken und der Wachau, die alten Dokumente weisen meine Vorfahren als Kleinhäusler, Kleinbauern, Müller und Bäcker aus. Auch ein Gastwirt ist darunter. Just der ist an der „Abzehrung" gestorben.

Von Künstlern ist weit und breit keine Rede.

Der Familie meiner Mutter scheint es elend ergangen zu sein, die Tuberkulose dezimierte die Kinderschar, nur drei von elf blieben am Leben.

In der väterlichen Familie war man bereits einen kleinen Schritt auf der Erfolgsleiter hinaufgestiegen. Als der Großvater als „bürgerlicher Malermeister" starb, reichte es schon zu einem Familiengrab mit schwarzem Grabstein und Goldinschrift. Und der Sohn, mein Vater, durfte die

Handelsschule besuchen und sogar Geigenunterricht nehmen.

Gelesen wurde in diesen Familien sicher nicht viel. Von meiner Großmutter ist mir eine stattliche Reihe von Gebetbüchern geblieben, mit vielen darin eingelegten Andachtsbildchen, Andenken an kleine Wallfahrten und schwarzumrandete Erinnerungen an verblichene Verwandte.

Ein Buch scheint sie besonders geschätzt zu haben, „Christliche Feierstunden eines frommen Katholiken", es ist recht zerlesen, darin hat sie sicher oft Trost gefunden.

Wie in einer Familienbibel hat sie auf den ersten Seiten dieses Buches die Geburts- und Sterbedaten ihrer Familienmitglieder eingetragen. Ihr sind von ihren fünf Kindern auch nur drei erhalten geblieben, die Zwillinge sind schon nach sechzehn Tagen verstorben.

Bei dem Kapitel „Gebet eines Dienstboten" ist ein Blättchen eingelegt, ausnahmsweise kein frommes, sondern sehr weltliche Rosen, Vergißmeinnicht und goldenes Geranke um zwei Täubchen, die die Inschrift „Aus Liebe" in den Schnäbeln halten. Auf die Rückseite hat die Großmutter geschrieben: „Andenken an Josef Bauer, Forstjunge des Stiftes Göttweig 1869."

Dann ging sie als Dienstbote nach Wien, ihr sozialer Aufstieg begann, und der Forstjunge wurde im Andachtsbuch abgelegt.

Außer den Gebetbüchern ist mir von ihr noch

ein recht abgenütztes Büchlein erhalten geblieben, „Gott verläßt jene nicht, die auf ihn vertrauen – lehrreiche Geschichten zur Lehre, Erbauung und Nachahmung für Jung und Alt“. Das hat sie als Prüfungsgeschenk im Jahr 1864, offenbar beim Schulaustritt, bekommen, und daraus hat sie mir manchmal vorgelesen.

Mein Vater hat sich als junger Mann einen Band mit Dramen von Schiller zugelegt, außerdem einen dicken Sammelband „Deutsche Dichter und Denker“, woran sich sein Drang zu höherer literarischer Bildung ablesen läßt.

Viel mehr Bücher scheint es in der Zimmer-Kuchl-Kabinett-Wohnung nicht gegeben haben, als ich dort das Licht der Welt erblickte.

Das hat sich bald geändert. Das Kind sollte es besser haben.

Das Kind, das einzige, nämlich ich, bekam Bilderbücher zum Anschauen, die Verse wurden mir vorgelesen, aber bald kannte ich sie auswendig, sagte sie her und tat, als ob ich lesen könnte.

Das Lesen habe ich mir schon vor dem Eintritt in die Schule beigebracht, anhand einer Flasche mit Maggi Suppenwürze, die bei jeder Mahlzeit auf dem Tisch stand. An der Beschreibung von Inhalt und Gebrauch rätselte ich so lange herum, bis ich es konnte.

Sind Sie gern in die Schule gegangen?

Ich wurde bald eine begeisterte Leserin, und meine Eltern haben diesen Lesehunger durch großzügige Büchergeschenke sehr gefördert, was verwundert, denn man lebte bescheiden, Bücher waren nicht billig, und gelesen wurde in kleinbürgerlichen Familien wenig. Aber das Kind sollte es besser haben.

Mit der Volksschule habe ich ein rechtes Glück gehabt. Hernals war kein vornehmer Bezirk. Man hat hin und her überlegt, welche Schule man dem behüteten Einzelkind zumuten könne. In die benachbarte Volksschule gingen auch die „Gassenkinder", von denen ich bisher ängstlich ferngehalten worden war. Zum Spazierengehen hat mich meine Mutter oft in den Türkenschanzpark geschleppt, weil dort „bessere" Kinder anzutreffen waren, aus dem Cottageviertel, unter der Obhut von Kinderfrauen, nicht die Arbeiterkinder, die in Hernals, ruppig und oft rotzig, auf der Straße sich selbst überlassen spielten.

Man wollte nur das Beste für mich.

Deshalb hat man auch eine Privatschule in Erwägung gezogen, in Währing, was sich aber aus finanziellen Gründen und wohl auch wegen der zu großen Entfernung nicht verwirklichen ließ. Die Eltern überantworteten mich also bangen Herzens der plebejischen öffentlichen Schule.

Es hat mir nicht geschadet.

Mit den anderen Kindern bin ich gut ausgekommen, ich habe mir sogar bald ein paar Freunde und Freundinnen erworben, was für mich, das schüchterne Einzelkind, ein besonderes Erlebnis war.

Und auch die wenigen Gassenkinder erwiesen sich besser als ihr Ruf.

Das größte Glück aber war die Lehrerin.

Daß ich mir's später mit dem Lernen leicht getan habe, verdanke ich ihrer soliden Grundausbildung.

Das Schreiben von Aufsätzen ist mir leichtgefallen. Die Frau Lehrerin hat sie wohlwollend beurteilt. In einem Heft, das mir erhalten geblieben ist, lese ich unter einer Tiergeschichte, die wir uns ausdenken und schreiben sollten, von ihrer Hand:

„Du bist ja auf dem besten Wege, eine Dichterin zu werden! Gut erzählt!"

Warum schreibt man eigentlich ein Gedicht?

Diese Frage hat mir einmal ein ernsthafter junger Mann im Anschluß an eine Lesung gestellt.

Ich weiß bis heute keine Antwort darauf.

Wenn ein Kind, noch nicht angekränkelt durch des Gedankens Blässe, plötzlich anfängt, Gedichte zu schreiben, geschieht das vermutlich aus Freude an dem musikalischen Gleichklang des Reimes und aus Lust am Rhythmus. Vielleicht ist diese Lust schon durch die Bilderbuchreime geweckt worden oder durch die kunstlosen Verse aus dem Wunschbüchel, die ein Kind zu meiner Zeit bei allen erdenklichen Gelegenheiten auswendig lernen und aufsagen mußte.

Mir hat das Reimen offenbar soviel Vergnügen gemacht, daß ich eines Tages auch eine Schularbeit in Versen verfaßte, Thema: „Wenn ich der Nikolo wäre".

Dieses Gedicht will ich Ihnen nicht zumuten, es ist miserabel.

Die Frau Lehrerin aber hat sich gewundert und darunter geschrieben:

„Eine Schülerin, die dichten kann,
ist was besonders Feins!
Drum, liebe Trude, sieh mal an,
hier steht die Römisch Eins."

Ein solches Lob beflügelt natürlich. Meine Reimereien haben bedrohlich zugenommen, die nächste Schularbeit, „Ein Turnier“, wurde wieder in Gedichtform geliefert, aber da hat mir die Lehrerin eine liebevolle Rüge erteilt:

„Den Ritter zieret hoher Mut.
Deine Verse sind recht gut!
Doch, liebe Trude, dichte nicht zu viel,
denn eine Bildbeschreibung ist kein Versespiel.“

Damit hat sie mich mitten ins junge Dichterherz getroffen. Ich war so gekränkt, daß es mit dem Reimen für lange Zeit vorbei war.

Heute bin ich der gescheiten Frau sehr dankbar. Wahrscheinlich hat sie mich vor dem zwanghaften Verseschreiben-Müssen bewahrt, das zu einer Sucht werden kann und zu einer Qual.

Ein Leben lang alles, was einem an Glück und Leid widerfährt, nur im Hinblick auf ein mögliches Gedicht zu erleben – ein erschreckender Gedanke.

Das letzte Gedicht aus der Volksschulzeit, bevor die Muse sich verweigerte und gekränkt schwieg, ist in der Handschrift meines Vaters erhalten geblieben. (Er hat, was ich damals auf jedes verfügbare Zettelchen kritzelte, liebevoll abgeschrieben und aufgehoben, offenbar war er stolz auf seine Tochter.)

Warum ich erst so spät angefangen habe zu schreiben, werde ich oft gefragt.

Nicht so spät. So früh. Zwischen so früh und so spät war Pause. Da konnte sich „das Talent ausschlafen“, wie Nestroy sagt.

Waren Sie eine gute Schülerin?

Die vier Volksschuljahre waren bald um. Weil ich eine gute Schülerin war, wollte man mich in die Mittelschule schicken.

Was hätten meine Eltern auch sonst mit mir anfangen sollen? Für eine nützliche, praktische, handwerkliche Tätigkeit war ich gänzlich ungeeignet.

In die Mittelschule, die heute AHS heißt, zu gehen, war damals nicht so selbstverständlich wie heute; aus unserer Klasse traten vier zur Aufnahmsprüfung an (die gab es damals noch, und sie war gar nicht einfach), einen so guten Jahrgang hatte die Frau Lehrerin noch nie gehabt.

In eine höhere Schule gehen zu dürfen war ein Privileg. Die Eltern mußten viele Opfer bringen, um das leisten zu können und dem Kind eine Sprosse auf der Aufstiegsleiter zu ermöglichen. Schulgeld, Bücher, Hefte hatten bezahlt zu werden. Da es in Hernals zu jener Zeit keine Mittelschule für Mädchen gab, fiel die Wahl auf ein Gymnasium im sechsten Bezirk. Ich mußte mit der Straßenbahn in die Schule fahren, und auch das kostete Geld.

Außerdem hat man mich Klavierspielen lernen lassen. Gefragt, ob ich Lust dazu hätte, wurde ich nicht. Da ich ein fügsames Kind war, schickte ich mich drein. Ein Mädchen aus besseren Kreisen lernte eben Klavierspielen, und in die besseren

Kreise wollte man mir ja den Einstieg ermöglichen. Türkenschanzpark, Gymnasium, Klavier.

Das Instrument, das angeschafft wurde, war eigentlich meine Aussteuer. Die Zeiten waren schlecht, die Raten für meine Aussteuerversicherung wurden zu teuer, mein Vater löste sie auf, ließ sich den bisher erlegten Betrag auszahlen und kaufte einen übertragenen Stutzflügel.

Was sich im nachhinein als günstig erwies. Das Klavier habe ich nämlich heute noch. Zwar habe ich es zu keiner Meisterschaft gebracht, aber ein bißchen was ist doch hängengeblieben, und dieses Bißchen hat sich später, als ich zum Liedertexten kam, als recht nützlich erwiesen.

In besseren Häusern lernten die Mädchen Französisch. So weit hat man sich bei mir nicht verstiegen, Englisch schien eine praktischere Sprache zu sein. Ich wurde also schon im Volksschulalter in eine Sprachschule geschickt, um Englisch zu lernen, eine richtige Entscheidung, wie sich später herausstellte.

Die Umstellung auf die Mittelschule ist mir nicht schwergefallen. Freilich wurden die Kontakte zu den Freunden aus der Volksschulzeit weniger, besonders als wir von Hernals wegzogen, aber neue Freundschaften begannen, und es begann auch allmählich die Ablösung vom elterlichen Einfluß. Ich wurde selbständig, durfte gelegentlich mit den Freundinnen weggehen, ins Kino oder ins Theater und in die Tanzschule.

Das Lernen hat mir keine Schwierigkeiten gemacht. Es hat so viel gegeben, was mich interessiert hat. Die Schule war für mich und meine engeren Freundinnen ein großer Spaß. Von Überforderung war damals noch nicht die Rede, sonst hätten wir nicht so viel nebenbei unternehmen können: Nachhilfestunden geben, um unser knappes Taschengeld aufzubessern und damit private Englisch- und Italienischkurse, einen Fechtkurs und unzählige Theater- und Kinobesuche finanzieren zu können.

Mein liebstes Fach war, wie könnte es anders sein, Deutsch. Aufsätze gingen mir nach wie vor leicht von der Hand und wurden auch meistens günstig beurteilt.

Das Gedichteschreiben hatte Pause.

Gelesen habe ich sie allerdings gern, ich wurde auch oft zum Aufsagen eingeteilt bei diversen Schulfeiern. Und wenn in den letzten Stunden vor Schulschluß vorgelesen werden durfte, mußte ich das besorgen und habe das schon damals gern gemacht.

Am liebsten war uns aber das Lesen von Theaterstücken mit verteilten Rollen.

Mir fiel fast immer die Hauptrolle zu, ich kann mich nicht erinnern, daß sie mir jemand streitig gemacht hätte. Die „Jungfrau von Orleans", die ich in einer Nachmittagsvorstellung im Burgtheater gesehen hatte, machte einen außerordentlich starken Eindruck auf mich. Nicht die Darstellung, die dürfte eher durchschnittlich gewesen sein, nein, das Stück hat mich so begeistert, daß ich bald darauf die Titelrolle von A bis Z auswendig konnte und mir einbildete, ich würde die Johanna viel besser spielen als jene alte Burgschauspielerin.

In der Deutschstunde wurde das Stück gelesen, ich habe richtig losgelegt, und meine Mitschülerinnen waren so gefesselt, daß sie beim Läuten die Lehrerin gebeten haben, die Pause durchzulesen.

Viele Jahre später ist nach einer Lesung eine alte Dame zu mir gekommen, unsere Deutschprofessorin von damals, und hat verklärt gesagt: „Ich kann mich noch erinnern, wie du die ‚Jungfrau' gelesen hast . . ."

Ein so nachhaltiger Erfolg ist einem nur selten beschieden.

Wir sind oft ins Burgtheater gegangen, meine Freundinnen und ich, ins Stehparterre natürlich, haben unvergeßliche Eindrücke bekommen, und dort ist auch der Wunsch in mir gewachsen, Schauspielerin zu werden. Gesagt hab' ich das nicht einmal meinen besten Freundinnen und schon gar nicht meinen Eltern.

Vorderhand mußte die Matura abgelegt werden, die habe ich auch ohne Schwierigkeiten bestanden.

Von den zur Verfügung stehenden Themen bei der Deutscharbeit habe ich mir als einzige ausgesucht: „Die Bedeutung der Kunst im Leben des Menschen." Was ich darüber geschrieben habe, weiß ich nicht mehr. Es reichte gerade noch zu einem Sehr Gut, obwohl man mir vorgeworfen hat, viereinhalb Seiten seien eigentlich ein bißchen wenig für ein so profundes Thema. Aber die Lust zum Ausschmücken, Fabulieren und Herumschwafeln hat mir schon damals gefehlt, und heute erst recht.

Welchen Beruf haben Sie erlernt?

Während ich intensiv mit Schule und heimlichen Theaterplänen beschäftigt war, ist unversehens der Krieg ausgebrochen.

Die jungen Männer wurden zur Mangelware, ebenso wie Strümpfe, Schuhe, Kleider, Lebensmittel und Bücher. Man behalf sich, so gut es eben ging. Strümpfe wurden gestopft und repassiert, Schuhe gedoppelt, Kleider immer wieder umgearbeitet, der Gürtel enger geschnallt. Ohne Männer war ganz gut auszukommen, solange man sie auf der Bühne oder auf der Leinwand lieben konnte. Bücher habe ich mir aus der Leihbücherei ausgeborgt und, was mir besonders am Herzen lag, abgeschrieben. Besonders Gedichte.

Selber geschrieben habe ich noch immer keine.

Nicht einmal in der Maturazeitung. Die haben wir in Gemeinschaftsarbeit zusammengestellt, ich kann heute nicht mehr feststellen, was davon von mir ist. Bis auf die Illustrationen. Die stammen einwandfrei aus meiner Feder.

Abgesehen von meiner heimlichen Leidenschaft fürs Theater habe ich keinen Berufswunsch gehabt. Eine praktische Tätigkeit kam wegen meiner Ungeschicklichkeit noch immer nicht in Frage. Es schien daher meinen Eltern am besten, mich vorderhand weiterstudieren zu lassen, vielleicht würde ich mich eines Tages dem Lehramt zuwenden und eine „Frau Professor“ werden.

Ich hatte nichts gegen ein Studium, war fügsam wie immer und inskribierte Anglistik und Germanistik. Ohne große Begeisterung, wie ich mich erinnern kann.

Das Studium ließ sich ganz gut an, ich habe Vorlesungen besucht, Seminare absolviert, schriftliche Arbeiten abgeliefert und ganz ordentliche Noten dafür bekommen.

Am Anfang freilich habe ich geglaubt, auf der Hochschule meine Prüfungen wie in der Mittelschule, nämlich mit einem Minimum an Lernen, ablegen zu können.

Da hatte ich mich aber getäuscht.

Ich erinnere mich, daß ich eine mündliche Prüfung, ein Kolloqium in englischer Phonetik, ablegen sollte, ein trockener Gegenstand. Den Prüfungsstoff hatte ich mir nur sehr flüchtig angesehen.

Viel wichtiger war mir, daß ich bei einem Kulturabend auf der Hochschule für Bodenkultur mitwirken und wunderschöne Gedichte vortragen durfte (Weltliteratur, keine eigenen!).

Das war viel interessanter als die fade Phonetik, und darauf hab' ich mich auch gut vorbereitet.

Am nächsten Tag wurde mir bei der Prüfung die Rechnung präsentiert, ich bin mit einem blauen Auge, einem Genügend, davongekommen. Es ist mein einziges geblieben. Von nun an wußte ich: Es muß halt doch mehr studiert werden.

Das tat ich denn auch.

Damit die Situation aber nicht ganz so freudlos war, habe ich nebenbei zuerst heimlich, dann mit nachsichtiger Duldung meiner Eltern die Schauspielerei zu erlernen versucht, mir die Stunden durch Nachhilfeunterricht selbst finanziert und auch die Bühnenreifeprüfung abgelegt.

Allerdings zu einem denkbar ungünstigen Zeitpunkt, im Sommer 1944, gerade als im Zuge des „totalen Krieges" die Theater gesperrt wurden.

Ich hätte an ein Fronttheater gehen können, nach Finnland, was ich mir aber versagte. Erstens wollte ich mein bis zum Dissertationsstadium vorgerücktes Studium nicht abbrechen, zweitens die Eltern nicht allein lassen, und drittens gab es da trotz kriegsbedingten Männermangels eine junge große Liebe.

Die Entscheidung war gar nicht leicht.

Damals habe ich mich gegen die Kunst und für ein bürgerliches Leben entschieden.

Es sollte nicht das letzte Mal gewesen sein.

Was ist aus Ihren Theaterplänen geworden?

Statt mich auf eine unsichere Wehrmachtstournee zu begeben, bin ich vorderhand in Wien geblieben, habe mich durch das Endstadium des Krieges mit Bombenangriffen, Schuttwegräumen und Mangel an allen Ecken und Enden gequält, habe zwischen Rendezvous und Fliegeralarm studiert und war trotzdem nicht unglücklich.

Durch die Schauspielschule waren mir neue Freunde zugewachsen. Die Unterrichtsstunden zählen zu meinen schönsten Erinnerungen. Inmitten der Kriegsmisere saßen wir im Unterrichtszimmer wie auf einer Insel. Was draußen vorging, kümmerte uns während dieser Stunden nicht. Wir haben nicht nur Rollen studiert, sondern auch lange Gespräche geführt über Theater, Kunst, über Gott und die Welt – es war wunderbar.

In letzter Minute bin ich dann mit einem Trupp Soldaten per Fahrrad aus dem schon fast eingeschlossenen Wien nach Salzburg gezogen. (Ich habe versucht, diese unbeschreibliche Zeit in meinem Buch „Hochzeitsreise 45" zu beschreiben.)

In dem kleinen Michaelbeuern sind bald die Amerikaner eingerückt, und dort sind mir zum ersten Mal meine bescheidenen, mehr theoretischen als praktischen Englischkenntnisse zugute gekommen.

Es hat ja viel gedolmetscht werden müssen in

jener Zeit. Wenn einer den andern nicht verstand, konnte viel Unheil geschehen. Ich hielt regelrechte Amtsstunden im Gemeindeamt, wer Probleme hatte, ist zu mir gekommen, und ich habe zwischen Michaelbeuern und Amerika vermittelt.

Die Bittsteller haben sich mit Eiern oder einem Stückel Geselchten bedankt, die Amis haben Zigaretten, Seife oder Schokolade als Honorar für meine Dienste gespendet, es ist mir eigentlich recht gut gegangen.

Und der Krieg war zu Ende!

Nach Wien zu gelangen war für Zivilpersonen noch völlig unmöglich. Wer im Westen gestrandet war, mußte sich um Arbeit umsehen.

Halb Wien trieb sich in dieser ersten Nachkriegszeit in Salzburg herum. Man mußte nur einmal über die Staatsbrücke gehen und hatte schon wieder einen Bekannten getroffen.

Ein paar alte und neue Freunde fanden sich zusammen, wir gründeten eine kleine Cabaret-Gruppe und begannen, für amerikanische Besatzungssoldaten bunte Programme zusammenzustoppeln, großspurig „Shows“ genannt, aus heutiger Sicht eine Mischung aus Unverfrorenheit und Armseligkeit: Kurze Szenen, die uns von alten Cabaretprogrammen in Erinnerung waren, deutsche Schlager, von mir notdürftig ins Englische übersetzt, dilettantische Slapsticknummern, alles dargeboten von ausgemergelten Kriegsverlierern in Kostümen aus Fahnenstoff, Leintüchern, Uniformstücken und aus den Mistkübeln geklaubten Requisiten. Ein jämmerliches Programm, mühsam konferiert in noch recht unsicherem Englisch von mir.

Merkwürdig: den Soldaten hat es gefallen.

Seit den Volksschultagen war das Reimen bei mir tabu gewesen. Jetzt drängte es wieder ans Licht.

Jetzt mußte es nämlich sein.

Freilich habe ich keine Lyrik geschrieben, die wurde nicht gebraucht. Liedertexte waren wichtiger, und die habe ich geliefert, vorderhand Übersetzungen aus dem Deutschen ins Englische, ein kühnes Unterfangen, vor dem ich heute zurückschrecken würde. Aber damals ...

Die Titel, die ich unverfroren und natürlich unautorisiert ins Englische übersetzt habe, waren „Wann wirst du wieder bei mir sein“, „Haben Sie schon mal im Dunkel geküßt?“, „Du und ich im Mondenschein“ und ähnliche nicht gerade anspruchsvolle Liedchen, die dann keck von den Mitgliedern unserer Truppe gesungen wurden.

Wenn ich mir heute die Übersetzungen anschaue – ein paar davon sind erhalten geblieben –, rinnen mir kalte Schauer des Entsetzens über den Rücken.

Aber damit nicht genug. Ich habe auch zwei neue Texte verfaßt, die waren für mich bestimmt, und ich habe sie auch selbst vorgetragen.

Der eine war nach der alten Melodie „Du hast

Glück bei den Fraun, Bel Ami“ und handelte vom süßen Kuß eines kleinen Sodaten, „Oh, your kiss was so sweet, GI-Joe“, der zweite erzählte von der streng verbotenen, aber oft geübten Fraternisierung zwischen amerikanischen Soldaten und österreichischen Mädchen. Das waren Themen, die die Amis nur allzugut kannten, und so hatte ich damit Erfolg.

Es war eine trotz aller Armseligkeit sonnige Zeit. Wir lebten besitzlos von heute auf morgen, wechselten häufig unsere Unterkünfte, verdienten ein bißchen Geld und bekamen auch meist ein warmes Nachtmahl, wenn wir auftraten.

Unsere kleine Truppe teilte alles brüderlich, zeitweise wohnten wir sogar zusammen. Obwohl wir alle aus bürgerlichen Verhältnissen stammten, lebten wir miteinander in einer höchst unbürgerlichen Form, heute würde man es „Kommune“ nennen, und genossen es sehr.

Aber schön langsam haben sich trotzdem Zeichen der Auflösung gezeigt.

Der eine wanderte zu einer Bauernbühne ab und zum Rundfunk, den andern zog es nach Vorarlberg, wo ein Theater im Entstehen war, ich selber landete im Cabaret Fred Kraus, das Anfang 1946 als erstes Vergnügungslokal seine Pforten der Zivilbevölkerung auftat.

Das Eröffnungsprogramm hieß „Das spricht Bände“, Peter Wehle hatte dazu die Musik geschrieben und Aldo von Pinelli die Texte. Ich durfte bei den Ensembleliedern mittun, hatte zwei kleine Soli als Xanthippe und Pompadour, und einmal, o Wonne, o Seligkeit, wurde die Hauptdarstellerin Inge List krank und ich mußte ihr Chanson „Die wilde Leserin“ übernehmen, in einem von der Fred-Kraus-Gattin geliehenen Hut, wurde allerseits gelobt, und es war um mich geschehen. Seit damals hat mich die Liebe zum Chanson nicht mehr losgelassen. Freilich singe ich jetzt nicht mehr selber, ich steuere nur die Texte bei.

Wieder einmal war eine Entscheidung fällig: Sollte ich in Salzburg, also beim Cabaret, bleiben? Für das nächste Programm war mir ein eigenes Chanson versprochen worden! Oder nach Wien gehen, zurück zu den Eltern, zum Studium, zum bürgerlichen Leben?

Und wieder habe ich mich, der Liebe zuliebe, für die Bürgerlichkeit entschieden. Ich bin mit dem Meinigen zurückgefahren in das von Alliierten besetzte, zerbombte, hungernde Wien.

Was haben Sie beruflich gemacht?

Die Universität war kurz nach Kriegsende noch nicht in Schwung gekommen, an die Fortsetzung meines Studiums war nicht so bald zu denken.

Die Theater spielten zwar bereits, es hatte aber den Anschein, daß sie auf meine Mitwirkung keinen Wert legten.

Ich habe also die Stellenangebote in den Zeitungen studiert und bin dank meiner durch die amerikanische Tingelpraxis glänzend aufpolierten Englischkenntnisse im Büro der Pan American untergekommen, einer amerikanischen Fluggesellschaft, die gerade zu jenem Zeitpunkt beschlossen hatte, Wien anzufliegen und unserer bisherigen Weltabgeschlossenheit ein Ende zu bereiten.

Ganz entschieden war die Frage Kunst oder bürgerlicher Beruf freilich noch nicht.

Kaum hatte ich den Job bei der Pan American angenommen, bekam ich auch ein Angebot aus der Theaterwelt. Im Café Prückl gab es eine Kleinkunstbühne „Der liebe Augustin“, die wollte mich für ein Sommerprogramm haben.

Ich habe mich vorderhand um die Entscheidung herumgedrückt, habe tagsüber im Flugbüro, abends in der Kleinkunst gewirkt.

Die künstlerischen Aufgaben waren auch hier, wie in den meisten Cabarets, für eine Frau nicht überragend. Ich durfte ein, zwei Liedchen singen, bei einem Sketch mitspielen – befriedigend war es nicht, und eine Weltkarriere ließ sich damit kaum anbahnen. Da schien die Pan American zukunftsträchtiger zu sein.

Auf die Dauer doppelgleisig zu fahren war nicht möglich, ich ließ die Würfel fallen zugunsten der Fliegerei. Besser gesagt zugunsten des Care-Pakets, das ich allmonatlich von den Amerikanern zu meinem Gehalt dazubekam. Damit konnte ich, man schrieb 1946 und darbte noch gehörig, die Familie über Wasser halten. Ich habe diese Entscheidung nie bereut, war in meinem neuen Beruf sehr glücklich und bin es auch geblieben, als die Care-Pakete längst nicht mehr gebraucht wurden.

Die Sehnsucht nach dem Theater oder gar nach einem Doktorhut hielt sich in Grenzen. Zwar habe ich mein Zeugnis über die Bühnenreifeprüfung aufgehoben (wenn man es genau nimmt, ist das der einzige Beruf, den ich „erlernt" habe), auch die halbfertige Dissertation habe ich jahrelang aufbewahrt, weil ich zur Tandelkramerei neige, sie aber dann doch im Kachelofen verbrannt, bevor er abgetragen wurde. (In einer Zentralheizung lassen sich Überreste der Vergangenheit nicht mehr beseitigen.)

Und damit waren die Weichen endgültig gestellt: kein Theater, kein akademischer Grad, statt dessen ein interessanter, lebendiger Beruf bei einer internationalen Gesellschaft.

Die Fliegerei war ja damals noch nicht so alltäglich wie heute. Und wenn ich auch nur im Stadtbüro beschäftigt war, galt eine solche Tätigkeit doch als Traumberuf.

Als mich meine Firma im Februar 1948 nach London schickte, habe ich meinen ersten Paß gelöst, bin das erste Mal im Leben ins Ausland gefahren, ja sogar geflogen und wurde von allen Seiten bestaunt und beneidet.

Dieser ersten Reise sind im Lauf der Jahre viele andere gefolgt, ich habe New York und Hongkong, Paris und Athen, San Francisco und Hawaii, Rio und Buenos Aires wenn schon nicht kennenlernen, so doch besuchen und einen Hauch der großen weiten Welt schnuppern dürfen.

Jetzt, in reifen Jahren, wo die Senioren ihr höchstes Glück in möglichst weiten Reisen sehen, reizen mich die exotischen Länder nicht besonders. Es gibt in Europa so viel, das ich noch nicht kenne.

Und in Österreich. Besonders in Österreich.

Mir ist es allerdings in den letzten Jahren vergönnt, in unserem schönen Land kreuz und quer herumzufahren und Österreich an der Basis, nämlich in kleineren Orten, kennenzulernen.

Davon wird später noch die Rede sein.

Die Arbeit bei der Pan American hat mir, wie gesagt, viel Freude gemacht. Um meinen Buben hat sich meine Mutter gewissenhaft gekümmert, während ich im Büro oder unterwegs war. Ich bin ja zwei Monate nach seiner Geburt wieder arbeiten gegangen, von Karenzurlaub war damals keine Rede, auch nicht von einem freien Samstag oder der Vierzig-Stunden-Woche.

Der neue Kollegenkreis war ein Glücksfall. Wir hatten es trotz der anstrengenden und oft auch hektischen Arbeit immer lustig. Es gab so viele Gelegenheiten, etwas zu feiern, Firmenjubiläen, Geburtstage, Hochzeiten, Taufen, und ebenso viele Gelegenheiten, die Anlässe zu bedichten.

Unterhaltungsprogramme zusammenzustellen und Gelegenheitsgedichte zu verfassen, war meine Aufgabe.

Manches davon habe ich aufgehoben, es würde ein Buch für sich ergeben, ein illustriertes. Denn damals habe ich auch noch gern gezeichnet.

Ein paar dieser Gelegenheitsgedichte habe ich in mein „Wunschbüchel“ aufgenommen.

Wie ist Ihr erstes Buch entstanden?

Die Jahre sind vergangen, mein Sohn ist herangewachsen. Kinder gehen eines Tages aus dem Haus, das ist der Lauf der Welt. Es wäre falsch, sie halten zu wollen. Ich war immer dafür, mit der Abnabelung rechtzeitig zu beginnen. Deshalb finde ich es auch wichtig, wenn die Eltern, besonders die Mütter, nicht völlig in einem Kind aufgehen, sondern sich möglichst viel Eigenleben bewahren und eigene Interessen entwickeln. Eines Tages braucht man sie nämlich.

Auch für mich ist dieser Tag gekommen, wieder einmal ein Wendepunkt in meinem Leben. Mein Sohn hat geheiratet. Das war vorauszusehen. Er hat sein Mädchen fünf Jahre lang gekannt. Zeit genug, mich an den Gedanken zu gewöhnen. Und in jenen Gewöhnungsjahren muß mir wohl das Gedicht eingefallen sein, das dann beinahe zu einem Schicksalsgedicht geworden ist. „Mei Bua". Bei seiner Hochzeit habe ich es den staunenden Gästen bei der Tafel vorgelesen. Staunend deshalb, weil eine Schwiegermutter bei der Trauung gerührt zu weinen und nicht Gedichte aufzusagen hat.

Das war nicht das einzige Gedicht in jenen Tagen. Die jahrelange Scheu vor dem Reimen hatte ich während meines Berufslebens abgestreift und so manches Firmenfest durch launige Verslein aufgelockert.

Außerdem habe ich damals einen literarisch

versierten und beflissenen Menschen kennengelernt, der mir bald ein lieber Freund wurde. Und weil er in Gesellschaft gern Gedichte vorgetragen hat, habe ich ihm zur Erweiterung seines Repertoires ein paar neue geschrieben.

Er hat mich sehr gelobt und die Gedichte gut gefunden. Er hat mich in seiner Güte so sehr gelobt, daß ich ihm nicht geglaubt habe. Und daß er sie jedem, ob er sie hören wollte oder nicht, vorgelesen hat, war mir gar nicht recht.

Ich bin gleich nach den Hochzeitsfeierlichkeiten nach Italien auf Urlaub gefahren und erst zwei Wochen später nach einer langen Nachtfahrt übernächtig in Wien angekommen.

Wenn ich den Schlaf übertauche, bin ich nicht ganz ich selbst, überklar und mit anderen Reaktionen als im Normalzustand.

Während des Auspackens habe ich im Fernsehen Heinz Conrads Mundartgedichte lesen sehen. Da habe ich das Auspacken unterbrochen, mich hingesetzt, ihm einen Brief geschrieben und ein paar Gedichte von mir beigelegt.

Im Normalzustand hätte ich es nie, wirklich nie zustande gebracht, jemandem, den ich nicht persönlich kenne, zu schreiben und mich gleichsam anzubieten. Aber in jenem Ausnahmezustand habe ich den Brief noch am selben Abend in den Briefkasten gesteckt. Am nächsten Tag war ich wieder normal, und meine kühne Tat hat mir bereits leid getan. Im Lauf einer arbeitsreichen Woche habe ich den Brief vergessen, aber am Samstag kam ein Schreiben von Heinz Conrads, in dem er mir ankündigte, er würde in seiner nächsten Sonntagmorgensendung „Mei Bua“ lesen.

Das tat er auch, ich hab' mich gefreut, und vor lauter Freude ist mir gleich ein neues Gedicht eingefallen. Das ist schon so: Anerkennung beflügelt. Und diesen „Kleinen Hymnus an die Freude“ habe ich ihm gewidmet.

Am nächsten Sonntag hat er dann „I wer blaad“ gelesen, und er hat auch nicht vergessen, meinen Namen zu nennen. Heinz Conrads, und dafür sei ihm gedankt, hat überhaupt immer die Namen von Autoren und Komponisten genannt, und so haben sie sich dem Publikum eingeprägt.

Die Leute vom Rundfunk haben mir bald darauf geraten, mich um einen Verlag umzuschauen. Den zu finden ist mir dann durch die selbstlose Hilfe eines Buchhändlers gelungen.

Und eines Tages saß ich im Büro des Paul Zsolnay Verlages, um den Vertrag zu meinem ersten Buch „Aus der Kuchlkredenz“ zu unterschreiben.

Ich erzähle das jetzt im Zeitraffertempo, in Wirklichkeit war alles natürlich nicht ganz so schnell und einfach, ich habe es in meinem Buch „Zimmer, Kuchl, Kabinett“ genauer geschildert.

Das war nun ein Wendepunkt in meinem Leben, der sich gewaschen hatte.

Unversehens war ich von einer Leserin zu einer Erzeugerin von Büchern geworden.

Schreiben Sie eigentlich gern?

Das Verserlschreiben, das ich bisher so nebenbei zu meinem Vergnügen und zum Vergnügen einiger Freunde betrieben hatte, bekam nun von heute auf morgen einen professionellen Anstrich.

Ich fühle mich nach einem Dutzend Bücher immer noch nicht als Berufsautor und versuche, das Schreiben nicht als Broterwerb anzusehen, sondern mir ein bißchen Freude daran zu bewahren.

Was nicht immer gelingt.

Was eigentlich sehr selten gelingt.

Es ist merkwürdig: Man fängt als Dilettant an, als jemand, der sich delektiert, aus Vergnügen, Entzücken, Freude schreibt. Der Duden weist den Dilettanten als „den nicht beruflich geschulten Künstler, den Kunstliebhaber aus Zeitvertreib oder Spielerei“ aus. Aber kaum wird aus dem *diletto* Arbeit, aus dem Dilettanten ein Profi, ist es aus mit dem Vergnügen. Oder doch beinahe.

Wie schön war es, als Kind ein neues Heft anzufangen! Das Papier sah so glatt und weiß aus, man konnte darüberstreichen, das erweckte ähnliche Lustgefühle wie das Streicheln über den kühlen, glatten Arm der Mutter, wenn sie einen zu sich ins Bett nahm.

Die erste Seite habe ich immer besonders schön und sorgfältig geschrieben, voller guter Vorsätze, das Heft ebenso säuberlich zu Ende zu führen.

Das Lustgefühl beim Anblick eines unbeschriebenen Blattes Papier ist bei mir auch jetzt noch vorhanden. Aber bei dem Gedanken, diesem Papier die Unschuld zu rauben, es mit meiner Hand- oder Maschinschrift, jedenfalls aber mit meinen Gedanken bedecken und beflecken zu müssen, verschwindet es. Das Lustgefühl. Leider nicht das Papier.

Damit die Entweihung nicht gar so groß und das Papier nicht gar so unschuldig ist, habe ich mir angewöhnt, erste Entwürfe auf die Rückseite alter Manuskripte zu schreiben.

Trotzdem scheue ich vor dem Anfang zurück wie ein störrischer Esel.

Wie leicht habe ich in der Schule einen Aufsatz geschrieben! Den würde höchstens die Lehrerin lesen, und sie war eine wohlwollende Lehrerin. Eingebettet in ihre Zuneigung habe ich mich sicher gefühlt, habe geschrieben, wie mir gerade zumute war, habe mir viel zugetraut und gewußt: es kann dir nix g'schehn! Heute weiß ich, daß das, was ich schreibe, nicht von einer gütigen Lehrerin beurteilt, sondern von einem tüfteligen Lektor zerpflückt, von herben Kritikern zerlegt und von einem Publikum gelesen wird, das dafür sogar bezahlt.

Heute wiegt jedes Wort zentnerschwer.

Darum versuche ich alle erdenklichen Tricks vor mir selber, um nicht anfangen zu müssen.

Bei Gedichten ist es ein bißchen leichter. Sie sind kürzer, jedes für sich abgeschlossen. Wenn eines fertig ist, legt man es in die Lade und kann es vergessen. Ist die Lade voll, sieht man die Gedichte durch, verbessert, ordnet sie zu einem Buch, und die Sache hat sich.

Mit einem Prosaband ist es viel schwieriger.

Erstens ist er umfangreicher. Ich verliere leicht den Faden und weiß bei der letzten Seite nicht mehr, ob ich das nicht schon am Anfang oder zwischendurch erzählt habe, was mir am Schluß in den Sinn kommt. Bei jedem Durchlesen wird alles noch verwirrender. Von der Schwierigkeit, den rechten Stil zu finden, der nicht zu hochtrabend, aber auch nicht zu primitiv ist, damit die Sprache beim Lesen, vor allem beim Lautlesen nicht zu geschwollen, aber auch nicht zu salopp klingt, will ich erst gar nicht reden.

Ein besonderes „Kräutel" hauen mir als Wienerin die Konjunktive, die Genetive und die Imperfekte hinein, die uns hierzulande so unnatürlich vorkommen.

Man muß neu formulieren, umstellen, umschreiben, nochmals und nochmals, das ist zeitraubend und wenig lustvoll.

Erst wenn ich mir einrede, ich schreibe nur für mich selbst, ich brauche es niemandem zu zeigen, löst sich die Hemmung, die Angst vor der schlechten Note.

Die Zentralheizung hat allerdings schon manches Manuskript vor der Vernichtung bewahrt. Jetzt hebe ich doch manches auf. Und wenn ich es nach Jahren wieder hervorhole, kommt es mir mitunter, das ist seltsam, gar nicht mehr so schlecht vor, daß man es wegwerfen müßte.

Schreiben ist eine einsame Beschäftigung.

Freilich ist da immer Spannung, Kampf zwischen Wollen und Können, zwischen Einfall und Ausführung, zwischen Hoffnung und Zweifel.

Ich kann es drehen, wie ich will: Das Schreiben ist kein Vergnügen und kein Kinderspiel mehr. Mein Mitteilungsbedürfnis anderen und auch mir selbst gegenüber ist nicht groß. Ich neige nicht zum Exhibitionismus, im Gegenteil, ich habe immer vermieden aufzufallen. Die Lust zu fabulieren ist überhaupt nicht vorhanden. Herzensergüsse gebe ich erst recht nicht von mir. Meine Tagebucheintragungen aus der Mädchenzeit lesen sich recht nüchtern und nicht viel anders als mein Terminkalender von heute.

Es soll ja Leute geben, bei denen sprudeln sie nur so, die Herzensergüsse und die Einfälle.

Bei mir reicht es nur zu einem spärlichen Tröpfeln. (Deshalb habe ich den Ordner, in dem ich Angefangenes aufbewahre, „Die Dichtung tröpfelt weiter“ beschriftet.)

Ich fühle keinen Zwang in mir, schreiben zu müssen, mir meine Probleme von der Seele zu reden und sie dem Publikum mitzuteilen, weil ich finde, daß dies zwar für die Hygiene der eigenen Seele nützlich sein mag, aber für andere Menschen von geringem Interesse.

Jetzt werden Sie mit Recht fragen: Wenn ihr das Schreiben so zuwider ist, warum tut sie's dann?

Ja, warum wohl.

Das hab' ich mich oft gefragt, und ich frag' mich das immer wieder, wenn ich vor dem noch unbeschriebenen Blatt sitze und um den Anfang eines neuen Buches ringe. Ist es Masochismus? Macht es Freude, sich zu quälen? Oder ob nicht die verflixte Eitelkeit daran schuld ist, daß ich mir diese Qual immer wieder antue?

Das erste Buch, mehr oder weniger zufällig entstanden, ist beim Publikum gut angekommen. Aber kaum hatte ich mich mit dem Buch angefreundet und es trotz seiner Unzulänglichkeit akzeptiert, kamen die ersten Fragen: „Wann erscheint denn endlich wieder ein neues Buch von Ihnen?"

Dieses „Endlich", so erwartungsvoll und lesefreudig, ja direkt hungrig ausgesprochen, nimmt einem den Mut zu sagen: „Nie mehr, es ist zu qualvoll!"

Es entsteht also ein zweites Buch, die Leute lesen es, und der Vorgang wiederholt sich. „Wann erscheint denn endlich wieder . . .?"

Ich lächle verheißungsvoll, verspreche: „Bald!" und nehme mir ernstlich vor, meinen inneren Schweinehund zu überwinden und mich an die Arbeit zu machen.

Dabei ist ja eine Anzahl Bücher längst fertig. In meinem Kopf.

Das Schreiben fängt nicht mit dem Aufschreiben an, sondern schon viel früher. Mit dem Nachdenken. Mit dem Ausdenken.

Im Kopf sind alle Bücher schön und bedeutend.

Erst beim Niederschreiben werden sie verdorben.

Es tut gut, gelegentlich bei anderen Schriftstellern nachzulesen, bei großen, bedeutenden, wie sie mit ihrem Beruf zu Rande kommen.

Thomas Mann sagt: „Der Schriftsteller ist derjenige, dem das Schreiben besonders schwerfällt."

Wie tröstlich, daß auch namhafte Autoren ihren täglichen Kampf mit dem Wort und um das Wort führen.

Was wollen Sie mit Ihren Büchern bewirken?

Wozu dienen eigentlich Bücher? Wozu werden sie geschrieben und gedruckt?

Sie sollen bilden oder unterhalten.

Einen dritten Zweck weiß ich nicht zu nennen.

Ich habe mich für die Unterhaltung entschieden.

Es ist meiner Ansicht nach schwieriger, Leute zu unterhalten, als sie zu langweilen. Merkwürdig, daß man vor dem, was Langeweile erzeugt, größere Hochachtung hat. Und schon gar, wenn es langweilig, unverständlich und preisgekrönt ist. Da muß sich der Durchschnittsbürger ja verschreckt verkriechen. Wer hat schon den Mut zu sagen: „Das versteh' ich nicht!" Wie in dem Märchen von des Kaisers neuen Kleidern fürchtet jeder, für dumm und ungebildet gehalten zu werden.

Die hochgelobten Werke bleiben ungelesen und verstauben repräsentativ im Bücherregal.

Offenbar war das schon zu Lessings Zeiten so:

„Wer wird nicht einen Klopstock loben!
Doch wird ihn jeder lesen? Nein.
Wir wollen weniger erhoben
und fleißiger gelesen sein."

Und einen Ausspruch meines geliebten Nestroy habe ich mir sogar einrahmen lassen:

„G'fallen sollen meine Sachen, unterhalten, lachen sollen d'Leut, und mir soll die G'schicht a Geld tragen, daß ich auch lach', das ist der ganze Zweck."

Es klingt ein bisserl zynisch, und ich weiß auch nicht, wie ernst er es gemeint hat. Aber brillant formuliert ist es auf jeden Fall.

Ich habe mir viel notiert, was ich mir über Freude und Qual des Schreibens erlesen habe. Das sammle ich in einer Mappe „Erlesenes", zum Trost und Wiederaufbau der darniederliegenden Schaffenskraft.

Morgenstern sagt etwas sehr Hübsches:

„Über jedem guten Buche muß das Gesicht des Lesers von Zeit zu Zeit hell werden. Die Sonne innerer Heiterkeit muß sich zuweilen von Seele zu Seele grüßen."

Die Sonne innerer Heiterkeit.

Schön.

„Vor allem soll meine Arbeit eine gesellschaftliche Verhaltensweise transparent machen und Denkanstöße geben!" sagt der Musikalclown zum Reporter. Er schämt sich zuzugeben, daß er das Publikum nur unterhalten will.

Nur unterhalten?

Seit bei uns zwischen E- und U-Kultur, zwischen „Ernster" und „Unterhaltungs"-Kultur unterschieden wird, seit E höher bewertet wird als U, sieht man die Unterhaltung über die Achsel an. Tierischer Ernst macht sich breit: Wer auf sich hält, macht elitäre Kunst, nur für Eingeweihte verständlich und nur mit Gebrauchsanweisung konsumierbar. Was der Durchschnittsmensch versteht und schätzt, wird als „trivial" abgetan, und was unterhält, ist verdächtig. Kunst, so meinen die Sachverständigen, müsse Ärgernis, Provokation sein.

„Sie schreiben ja Bücher für Leser!" rief ein Literaturpapst einer Autorin empört zu, worauf die sich schämte.

Heutzutage zählt offenbar nur, was deprimierend und grauslich ist. Mißstände aufzuzeigen, an ihnen Kritik zu üben, mag notwendig sein. Ebenso notwendig ist es, wenigstens einen Schimmer von Hoffnung anzubieten.

Und gerade in trostlosen Zeiten braucht man Träume, um überleben zu können.

Die älteren Menschen werden mir das bestätigen, sie haben ja genug mitgemacht und überstanden. Nicht von ungefähr ist man mitten im Krieg besonders gern ins Kino gegangen und hat sich Operettenfilme und Lustspiele angeschaut.

Die jungen Leute von heute, satt, gehätschelt und des Wohlstands überdrüssig, können leicht kritisch sein. Gebe Gott, daß sie nie erfahren müssen, wie man sich in wirklicher Trostlosigkeit, nicht eingebildeter, an alles klammert, was von der täglichen Misere ablenkt.

Wenn ein Mensch seine Unzufriedenheit, seinen Ekel vor der Welt, sein privates Leid dem Papier anvertraut, ist das legitim, denn es befreit.

Aber wozu den Leser damit belästigen, ja belasten?

In einer Zeit, wo das Lamentieren und Experimentieren und Langweilen von den Kritikern hochgejubelt wird, ergibt sich zwangsläufig eine Kluft zwischen dem Durchschnittsleser und der Kritik.

Ein Buch, das gefällt und Erfolg hat, ist verdächtig und kann nicht gut sein.

Freilich kann man unschwer auch aus meinen Werken, wenn man sie aufwerten will, gesellschaftskritische Tendenzen herauslesen.

Ich will aber gar nicht in die ernste Literatur hinaufinterpretiert werden. Ich schäme mich auch nicht dafür, die Menschen unterhalten zu wollen oder auf angenehme Art nachdenklich zu machen.

„Gebrauchslyrikerin“ halte ich für einen Ehrentitel.

Welche Förderung würden Sie sich wünschen?

Ich weiß nicht, ob einem Künstler finanzielle Förderung guttut, eine Förderung, die es ihm ermöglicht, kaum daß er ein paar Zeilen veröffentlicht hat, seinen bisherigen Beruf aufzugeben und sich nur dem freien Schaffen zu widmen.

Ein Brotberuf, so meine ich, ist dem freien Schaffen nicht hinderlich. Eher im Gegenteil: erst wenn man sich sein Geld auf bürgerliche Weise verdient, kann man daneben kreativ arbeiten nach seines Herzens Freude.

Erst die Unfreiheit verschafft Freiheit, so paradox das klingen mag.

Wenn jemand „freischaffend" tätig ist, muß er trotzdem Zins zahlen, Heizung, Beleuchtung und Essen. Da aber die Kunst selten so viel abwirft und auch der höchste Förderungspreis einmal aufgebraucht ist, muß der Künstler sich entweder von Mäzen zu Mäzen durchbetteln oder erst recht um des schnöden Mammons willen Dinge schreiben (oder komponieren oder malen), die ihn eigentlich nicht freuen.

Da hält, so meine ich, eine säuberliche Trennung zwischen Brotberuf und künstlerischer Tätigkeit die Schaffenskraft frischer.

Leicht ist das freilich nicht. Mit einem Achtstundentag läßt sich so ein Arbeitspensum nicht bewältigen. (Und nicht jeder hat eine Anstellung im Hof- und Kammerarchiv wie weiland der Hofrat Grillparzer).

Wenn ich auch der finanziellen Förderung des angehenden Künstlers skeptisch gegenüberstehe, *einer* Förderung kann er nicht entraten: Er braucht Zuspruch. Er muß das, was er geschrieben hat (bleiben wir beim Schriftsteller, obwohl das sicher für andere Sparten ebenso zutrifft), jemandem zeigen können, der etwas davon versteht, einem wohlwollenden Fachmann, der Lob und Tadel, wohldosiert, austeilt, an dem der unsicher Schwankende Halt finden kann.

Mir war das schon bei meinen ersten tastenden Versuchen beschieden. Zuerst in der Schule, als mich die Frau Lehrerin für meine Reime mit einem Römischen Einser belohnte und später verantwortungsbewußt gewarnt hat, als die Dichterei auszuufern drohte. Später war es dann mein literarisch überaus beschlagener Freund, für den ich meine frühen Mundartgedichte schrieb. Sein Lob hat mir gutgetan. Allerdings war ich, da ich ihn als einen grundgütigen Menschen kannte, der niemandem weh tun konnte, seinem Lob gegenüber skeptisch.

So wie ich seinerzeit genau wissen wollte, ob ich zum Schauspielerberuf Begabung hätte und mich deshalb zur Bühneneignungsprüfung angemeldet hatte, wollte ich auch wissen, ob das, was ich geschrieben hatte, auch jemandem gefallen würde, der keinen Grund zum Gütigsein hatte.

Nur so kann ich es mir heute erklären, warum ich seinerzeit, im fernen Jahr 1970, Proben meiner Gedichte an den mir persönlich unbekannten Heinz Conrads geschickt habe.

Daß er sie postwendend im Rundfunk gelesen hat, war eine gewisse Bestätigung.

Merkwürdig: Seither sind ein Dutzend Bücher aus meiner Feder gedruckt worden, den Lesern haben sie gefallen, sie wurden gekauft, verschenkt, gelesen – die Unsicherheit bleibt.

Jedes Buch, an dem ich gerade arbeite, stürzt mich in neue Zweifel.

Kein Bleistift, der lobt, kein Kugelschreiber, der tadelt, keine Schreibmaschine, die Beifall klatscht.

Wie schön müßte es sein, jemanden bei der Hand zu haben, der das Geschriebene liest, beurteilt, der rät und tröstet.

Der tägliche Zuspruch – ein Wunschtraum.

Lesen Sie gern?

Lesen war für mich immer ein Vergnügen, ja ein Bedürfnis.

Was das „immer" betrifft, muß ich mich allerdings korrigieren. Während des Studiums an der Universität, als Hunderte Bücher gelesen werden mußten oder doch hätten gelesen werden sollen, wenn man bei den Vorlesungen Bescheid wissen wollte, war das Lesen Pflicht, ich geriet unter Zeitdruck, das Pensum war nicht zu bewältigen, ich begann „querzulesen", ständig mit schlechtem Gewissen und ohne Vergnügen.

Lesen müssen aus beruflichen Gründen – ein schrecklicher Gedanke. Es ist eben ein Unterschied zwischen Müssen und Dürfen.

Heutzutage muß ich nicht mehr, heute darf ich mir meine Lektüre aussuchen, heute ist es wieder Freude. Auf Musik könnte ich vielleicht verzichten, auf Bücher nie.

Freilich lese ich lieber Bücher, die andere geschrieben haben. Seit ich selber schreibe, muß ich auch meine eigenen lesen. Das ist zwar nicht ganz so vergnüglich, trotzdem: der angenehmste Teil des Schreibens ist für mich das Lesen.

Nicht das Korrekturlesen des fast fertigen Buches. Das ist zwar notwendig, aber mühsam und langweilig.

Ich meine das Vorlesen, das Vorlesen aus meinen Büchern vor einem geneigten Publikum.

Schreiben ist einsam. Vorlesen hingegen ist gesellig. Man braucht dazu mindestens zwei Leute: einen, der vorliest, und einen, der zuhört. Zum Glück sind die Zuhörer meist in der Mehrzahl. Aber einer ist das Minimum.

Meine erste Lesung fand in der Buchhandlung Berger am Kohlmarkt statt, knapp nachdem mein erstes Buch, die „Kuchlkredenz“, das Licht der Welt erblickt hatte. Im Rahmen einer „Stunde der Begegnung“ sollte ich dort meinem Publikum begegnen.

Natürlich traute man mir nicht zu, selbst zu lesen. Als Zugkraft wurde Richard Eybner gewonnen, der sich dieser Aufgabe mit liebenswürdigem Eifer unterzog. Am Schluß durfte ich auch zwei oder drei Gedichte vorlesen.

Es gab viel Applaus.

Zum ersten Mal konnte ich meinen Lesern ins Auge schauen, spürte den Kontakt zwischen hüben und drüben, der so deutlich fühlbar, aber so schwer zu beschreiben ist.

Seit damals bin ich süchtig.

Es gibt Autoren, die nur ungern lesen, und darum meistens nicht sehr gut. Sie fühlen sich unbehaglich, weil man sie aus ihrer stillen Dichterklause herausgelockt hat, wollen die Sache rasch hinter sich bringen, sie nuscheln, verschlucken Worte, sprechen zu leise und sind auf dem besten Wege, ihr eigenes literarisches Kind auf diese Weise umzubringen.

Ein Meister im Vortragen war Karl Heinrich Waggerl. Er hatte die richtige Stimme und wußte genau, was seinen Werken guttat. Da stimmte alles.

Als junges Mädchen habe ich Josef Weinheber lesen hören. Wenn er aus seinen formvollendeten Oden oder Sonetten vortrug, schadete sein Wienerisch, besonders das gewisse Ottakringer „L", der getragenen Feierlichkeit und wirkte ein bißchen peinlich. Aber bei „Wien wörtlich" konnte er reden, wie ihm der Schnabel gewachsen war, und da war er großartig.

Meine Gedichte sind vorwiegend in unserer Mundart geschrieben und verlangen kein Burgtheaterdeutsch.

Das ist praktisch. Meine Rhetorikkenntnisse sind doch schon etwas eingerostet.

Ich fürchte mich nicht vor dem Publikum, im Gegenteil, ich liebe es und freue mich an den freundlichen Gesichtern. Wenn ich könnte, würde ich schnurren vor Behagen.

Schließlich wollte ich ja einmal Schauspielerin werden. Die Lust dazu ist zwar vergangen, ich möchte mich nicht mehr verkleiden und schminken, nicht mehr Maske machen müssen. Die Freude, sich einem Publikum zu stellen und es zu erobern, wird bei den Lesungen zur Genüge befriedigt.

Deshalb tu ich mir's bei meinen Lesestunden leicht.

Machen Sie viele Lesungen?

Eine Autorenlesung ist wie eine Gleichung mit mehreren Unbekannten. Nichts ist vorhersagbar, viel kann passieren. Sie ist weit spannender und aufregender als eine Theateraufführung, für die wochenlang geprobt wird.

Eine Autorenlesung ist ein einziges Abenteuer und immer voller Überraschungen.

Der Autor wird vom Veranstalter angerufen oder angeschrieben und zu einer Lesung eingeladen. Manche Fragen lassen sich bei diesem ersten Kontakt leicht klären, etwa die Fragen nach dem Wann und Wo. Es empfiehlt sich, dies persönlich zu tun und dabei mitzuschreiben. Bedient man sich einer Mittelsperson, kann es zu unangenehmen Mißverständnissen kommen. (Zu einer Lesung in St. Pölten sind Fritz Muliar und ich eine Stunde zu spät gekommen, das Publikum war im Begriff, sich grollend ins benachbarte Wirtshaus zu einem Frühschoppen zu verziehen, der Veranstalter rang die Hände und versuchte, selber aus unseren Werken vorzulesen, was wiederum die Zuhörer nicht goutierten. Die Situation war äußerst peinlich, und nur deshalb, weil der Mittelsmann uns die Zeit falsch weitergegeben hatte.)

Auch den Ort der Veranstaltung sollte man sich genau erklären lassen. Schließlich liest man nicht immer in der Stadthalle, manche Lokalitäten sind oft schwer zu finden, besonders für den Ortsfremden. Für Fahrten in die Bundesländer empfiehlt es sich, Landkarte und Ortsplan mit eingezeichneter Fahrroute anzufordern.

Mir geht es, seit ich mein Auto aufgegeben habe, besser. Ich reise mit der Bahn an, lasse mich vom Bahnhof abholen und nachher wieder dort absetzen, da gibt es keine nervenbelastenden Irrläufe.

Die nächste Frage, auch von entscheidender Bedeutung, ist die nach dem Warum. Man muß schließlich wissen, ob man zu einer Muttertagsfeier oder zu einem Clubabend eines Unternehmerverbandes, einer Veranstaltung der Jagdhundezüchter oder einer Jause des Jungfrauenvereins eingeladen ist.

Davon hängen nämlich wieder mehrere Fragen ab.

Wie kleidet man sich passend? Das ist besonders für einen weiblichen Vortragenden nicht unwichtig. Gibt es eine große Bühne oder ein erhöhtes Podium mit gleißendem Scheinwerferlicht, sollte man sich etwas Farbe ins Gesicht tun und darauf achten, die Beine entweder mit einem langen Rock zu bedecken oder wenigstens tadelloses Strumpf- und Schuhwerk zu tragen. Alte Latschen, so bequem sie auch sein mögen, machen sich nicht gut, wenn das Publikum aus der Froschperspektive zur Bühne aufblickt. Günstig ist ein Vortragstisch, der mit einem bodenlangen Tischtuch bedeckt ist, darunter lassen sich die Füße verstecken.

Gibt es keine Bühne oder kein Podium, steht der Vortragstisch meist in einer Ecke oder an der Schmalseite des Saales, mit einem handgestickten Tischtuch bedeckt, mit Leselampe, Blumenarrangement und Wasserglas liebevoll ausgestattet, aber so ungünstig placiert, daß der Vortragende von den meisten Zuschauerplätzen aus weder zu sehen noch zu hören ist. Da hilft nur Brutalität.

Ich räume in einem solchen Fall den Tisch radikal ab, Leselampe und Blumen, sogar das Tischtuch, dann setze ich mich vor den erstaunten Augen der Veranstalter mit kühnem Schwung auf den Tisch – ob er stabil genug ist, mich zu tragen, hab' ich schon abzuschätzen gelernt –, und die Lesung geht zwar nicht sehr stilvoll, aber doch besser hörbar vor sich.

Bestreitet man den Abend allein, ist die Kleidungsfrage nicht besonders wichtig. Schwierig wird es erst, wenn man von Musik umrahmt werden soll, selber im Abendkleid erscheint und die Musiker in rotkarierten Hemden und Lederhosen dasitzen, was einen häßlichen Stilbruch ergibt.

Aber wer denkt schon daran, den Veranstalter vorher zu fragen, was die Musiker anziehen werden?

Deshalb ist eine gewisse Neutralität in der Gewandung zu empfehlen, weil da am wenigsten passieren kann.

Was soll man vorlesen?

Auch das ist eine Kardinalfrage.

Ich lege mich im vorhinein sehr ungern fest und mache, wenn man mich läßt, mein Programm erst während der Lesung. Nach dem ersten neutralen Gedicht kann ich die Art des Publikums erkennen und mich darauf einstellen. Mit einem festen Programm angereist zu kommen und es unbedingt durchziehen zu wollen, kann enttäuschend für Autor, Publikum und Veranstalter werden. Programm aus dem Stegreif wirkt lockerer, das mögen die Leute, und ich brauch' mich nicht vorzubereiten, das mag wiederum ich.

Natürlich erkundige ich mich vorher, wie lange die Lesung dauern soll. Manche Veranstalter haben da recht konkrete Vorstellungen, die meisten aber überlassen es dem Vortragenden.

Wenn man vor den Zuhörern sitzt und liest, spürt man meistens sehr gut, wieviel an Aufnahmefähigkeit vorhanden ist. Wenn eine gewisse Unruhe, ein Herumwetzen auf den Sitzen, oder etliche tiefe Seufzer zu merken sind, soll man sich zum Endspurt fertig machen. Denn wenn jemand verstohlen auf die Uhr schaut und vielleicht sogar daran horcht, ob sie stehengeblieben ist, wird es höchste Zeit.

Den alten Scherz „Man kann über alles reden, aber nicht über eine Viertelstunde" wandle ich für mich gern ab: „Aber nicht über eine Stunde."

Es ist immer noch besser, wenn die Zuhörer sagen: „Schade, daß es so kurz war!", als wenn sie stöhnen: „Das nimmt wieder einmal kein Ende!"

Eine heikle Frage kommt meist zuletzt: die Frage nach dem Wieviel. Sie wird am Schluß des Gesprächs gestellt und so diskret, daß das ganze Telephonat einen zweideutigen Anstrich erhält.

„Wieviel wird es kosten?" flüstert der Veranstalter zaghaft.

In solchen Momenten bedaure ich, keinen Ehe- oder sonstigen Partner zu haben, der als Manager fungiert. Da könnte ich lässig sagen: „Ach, wissen Sie, ich bin Künstlerin ... Das Geschäftliche besprechen Sie bitte mit meinem Manager ..."

Da ich aber über keinen solchen verfüge, muß ich die Frage selbst beantworten, und auch mir ist sie peinlich.

Eigentlich merkwürdig: Wenn man bei einem Installateur oder Tapezierer einen Kostenvoranschlag einholt, wird man das mit größter Selbstverständlichkeit tun, und der Handwerker wird ebenso selbstverständlich antworten.

Beim Künstler wird die Tatsache, daß auch er leben will und sich zu diesem Zweck seine Arbeit bezahlen lassen muß, als unpassend empfunden. Kunst und Mammon, hohe Kunst und schnöder Mammon gehören offenbar nicht zusammen. Am liebsten wäre es manchen Veranstaltern, man würde zum Nulltarif arbeiten und es sich zur Ehre anrechnen, bei ihnen auftreten zu dürfen.

Ich hätte mir eigentlich im Lauf der Jahre schon eine gewisse Härte bei der Gegenfrage aneignen können, aber ich hab' nichts dazugelernt, es ist mir noch immer peinlich, meine ohnedies bescheidene Forderung zu nennen, und in vielen Fällen schaue ich überhaupt durch die Finger, weil der Veranstalter nicht gefragt hat und ich nicht gefordert habe.

Manche lernen's eben nie.

Aber da man bekanntlich keine silbernen Nokkerln essen kann, will ich mich damit abfinden.

Wieviel Publikum wird kommen? Das kann einem kein Veranstalter im vorhinein sagen. Der Besuch hängt von so vielen Faktoren ab: von der Werbung, die für die Veranstaltung gemacht wurde, vom Wetter und vor allem vom Fernsehprogramm. Gegen ein Ländermatch oder einen Kulenkampff kann die beste Autorenlesung nicht konkurrieren.

Warum kommt überhaupt jemand zu Autorenlesungen? Können die Leute nur mangelhaft lesen und lassen sich daher lieber vorlesen? Das kann wohl nicht der Grund sein, denn es gibt im Publikum eine große Zahl Literaturbeflissene, die des Lesens bestimmt mächtig sind. Die wollen den Autor persönlich kennenlernen, den sie bereits aus seinen Büchern, aus der Zeitung oder von Rundfunk und Fernsehen her kennen.

Bei Arthur Koestler habe ich gelesen: „Einen Schriftsteller zu mögen und diesen Schriftsteller persönlich kennenlernen zu wollen, ist so wie Gänseleber zu mögen und die Gans kennenzulernen."

Das ist natürlich eine große Verpflichtung für die Gans.

Wenn der Zuhörer, der ja auch Zuschauer ist, keine Mühen scheut, den Schriftsteller kennenzulernen, muß sich dieser auch Mühe geben, jenen nicht zu enttäuschen.

Wie das zu erreichen ist, hängt von der Art Literatur ab, die der Autor produziert.

Ein junger Progressiver wird bärtig, in alten Jeans und Leiberl und keineswegs fröhlich, sondern eher mürrisch und provokant auftreten. Das erwartet man von ihm.

Ich, als Erzeugerin unkomplizierter volkstümlicher Literatur, wirke in Nerz und Brillantschmuck unpassend. Für mich ist es günstig, einfach, aber reinlich gekleidet aufzutreten und nach Möglichkeit nicht eleganter als die Damen im Publikum. Ich soll freundlich und sympathisch wirken, lächeln, bis meine Gesichtsmuskeln sich verkrampfen, und muß rundherum Heiterkeit ausstrahlen.

Das habe ich nämlich im Lauf der Jahre begriffen: Ganz gleich, welcher Zusammensetzung mein Auditorium ist, ob alt, ob jung, ob intellektuell oder nicht, ob Männlein oder Weiblein – sie alle wollen lachen dürfen.

Sie freuen sich, wenn sie sich selbst in den Gedichten und Geschichten wiedererkennen, wenn sie sich und ihre Probleme verstanden fühlen, und sie danken mir dafür, indem sie mir ihre Zuneigung schenken.

Das spürt man nämlich, wenn einen die Leute mögen. Man versucht, sein Bestes zu geben, und bekommt eine Menge dafür zurück. Es ist ein ständiges Geben und Nehmen, etwas Lebendiges, das durch das perfekteste Rundfunk- und Fernsehprogramm nicht ersetzt werden kann.

Dr. Rudolf Kirchschläger, unser ehemaliger Bundespräsident, hat in einer seiner gescheiten Ansprachen gesagt: „Wir alle sind wieder hungrig nach dem Menschsein."

Mikrophone sind ein notwendiges Übel.

Das heißt, notwendig sind sie nicht immer. Man braucht sie im Rundfunk und überall dort, wo etwas übertragen oder aufgezeichnet werden soll. Auch in Räumen vom Ausmaß der Wiener Stadthalle wird man ohne Verstärkung nicht auskommen. Schlagersänger brauchen Mikrophone zum Anhalten, weil sie sonst nicht wissen, was sie mit ihren Händen anfangen sollen.

In Räumen mit leidlicher Akustik halte ich sie für überflüssig. Sie sind zwar meistens vorhanden und gehören für den prestigebewußten Veranstalter zum guten Ton – im übertragenen Sinn. Einen guten Ton liefern sie nämlich nur selten. Sie verändern die menschliche Stimme, außerdem darf man den Kopf nicht ein bißchen wegdrehen, sonst ist er ganz weg. Der Ton.

Mein Verhältnis zur Technik könnte man als gestört bezeichnen. Ich hab' was gegen Mikrophone. Und die Mikrophone haben was gegen mich. Man sollte meinen, die Dinger spüren meine Abneigung. Was mir diese Vorrichtungen nicht schon alles angetan haben an Gequieke, Gepiepse, hallendem Echo, geheimnisvollem hohen Gepfeife und sonstigen Unarten, ergäbe ein eigenes Kapitel. (Das Pfeifen kommt von den Hörgeräten im Saal, das wurde nach mühevollem Suchen festgestellt.)

Ein nicht funktionierendes Mikrophon kann eine Lesung empfindlich stören, trägt aber anderseits durch die Komik der Situation zu einem unmittelbaren, fröhlichen Kontakt zwischen Publikum und Vortragendem bei.

Ich habe einmal bei dem minutenlangen Versuch, das Mikrophon auf meine Körpergröße herunterzuschrauben, einen größeren Lacherfolg erzielt als je mit meinem lustigsten Gedicht.

Werden Sie oft von Journalisten interviewt?

Kaum hatte ich ein Buch geschrieben, begann man auch über mich zu schreiben.

Das muß so sein. Von den Printmedien übergangen zu werden, wäre schlecht. Man muß sich den Journalisten stellen, das gehört zum Geschäft.

Wenn ich mich recht erinnere, fand mein erstes Zeitungsinterview in meiner Wohnung statt, als die „Kuchlkredenz“ noch beinahe druckfeucht war.

Ich hatte mich, gebührend aufgeregt, vorher erkundigt, was ich dem Zeitungsmenschen (ich dachte nur an einen) an leiblichen Genüssen vorsetzen solle. Er sei Rotweintrinker, hieß es, also kaufte ich Rotwein vom Besten. Als unvermutet ein Photograph vor der Tür stand und sich als ehemaliger Schulkollege meines Sohnes entpuppte, war ich schon weniger nervös, und als der Journalist sich als Abstinenzler deklarierte, konnte ich nur mehr lachen. Und den Rotwein selber trinken.

Die Scheu vor dem Interview hatte sich verflüchtigt und ist bis heute nicht wiedergekommen.

Die Zeitungsleute sind nämlich reizende Menschen und weit besser als ihr Ruf. Es plaudert sich gut mit ihnen. Manchmal dauert so ein Tratsch stundenlang, und hinterher weiß ich über den Interviewer oft mehr als er über mich. Denn schließlich redet jeder gern von sich, warum nicht auch ein Journalist.

Freilich bemühe ich mich, eine angenehme Gesprächspartnerin zu sein und den Menschen von der Presse das Leben zu erleichtern, ich lasse mir nicht jedes Wort aus der Nase ziehen, sondern erzähle freiwillig ein paar Schnurren aus meinem Leben, mit denen sie dann ihren Artikel auspolstern können.

Günstig ist es, wenn ein Photograph mitkommt und an Ort und Stelle „schießt". Manchmal muß man auch selbst Photos zur Verfügung stellen. Das hat den Vorteil, daß man nur solche hergibt, die einem selber gefallen. Manche verschwinden leider auf mysteriöse Weise in der Redaktion, und man bekommt sie nie wieder.

Da mein erstes Buch, die „Kuchlkredenz", sozusagen mein Markenzeichen geworden ist, sucht jeder Photograph gleich nach Betreten der Wohnung die Kredenz. Da muß ich meine dichterische Freiheit eingestehen, daß nämlich besagtes Möbelstück nur in meiner Phantasie vorhanden ist. Dann finden die Aufnahmen meist vor dem Küchenherd beim Kaffeekochen statt oder zeigen mich sinnend vor der Bücherstellage und am Schreibtisch. (Daß ich niemals am Schreibtisch schreibe, behalte ich der Einfachheit halber für mich.)

Ein besonders eifriger Photokünstler eines Wochenblattes, das für seine pikanten Titelseiten bekannt war, verlangte dringend, mich in der Badewanne abzubilden, mit nichts als höchstens Schaum bedeckt. Ich konnte ihn überzeugen, daß mein Badezimmer schlecht zu heizen ist, also war er mit einem Küchenphoto zufrieden.

Jeder Journalist sieht einen eben anders: der eine als „Weinheberin", das ist der literarisch Gebildete.

Der elegante Playboy-Typ nennt mich eine „fesche Person" und „charmante Poetin", er druckt zwei Liebesgedichte ab. Die reife Kolumnistin einer Frauenzeitung erzählt humorvoll und ausführlich, was wir miteinander geplaudert haben, und bringt „I wer blaad" zum Abdruck, mit gutem Grund, sie ist nämlich eine junonische Erscheinung. Eine junge Reporterin druckt meine „schwoazzen pillengedanken" ab und betont meine Solidarität mit den Frauen.

Gelegentlich, zum Glück selten, erscheinen auch Interviews, von denen ich keine Ahnung habe, weil sie nicht stattgefunden haben. Die hat sich jemand einfach zusammenkomponiert. Wenn sie noch dazu von Fehlern strotzen, habe ich das nicht besonders gern.

Natürlich könnte man sich beschweren.

Nur: wozu?

Wie heißt doch die alte Redensart?

Hauptsach', der Name ist richtig geschrieben!

Was halten Sie von Kritiken?

Es gibt Künstler, die Kritiken lesen, und es gibt Künstler, die behaupten, daß sie Kritiken nicht lesen.

Ich lese sie.

Zwar kaufe ich mir nicht durch Monate hindurch sämtliche Zeitungen (bei Büchern ist das nämlich anders als bei einer Theaterpremiere, da kann es Monate dauern, bis sich ein armer Rezensent durch den Berg von Neuerscheinungen durchgefressen hat und die Kritik erscheint), aber wenn mir durch die Güte des Verlages oder von Bekannten eine Rezension zugespielt wird, dann lese ich sie.

Nicht genau und auch nicht gern.

Ob sie nun gut oder böse ist, mir ist es peinlich. Ich überfliege sie, erröte, ja, ob Sie's glauben oder nicht, ich erröte, und lege sie ab.

Was sollte ich sonst damit tun?

Ich könnte sie natürlich wütend in kleine Fetzerln zerreißen, wenn sie schlecht ist, oder einrahmen lassen, wenn sie gut ist.

Ich könnte sie mir hinter den Spiegel stecken oder auch an mein Herz nehmen, sie „beherzigen“, wenn sie konstruktiv ist.

Aber leider widerfährt einem das nur selten. Das Konstruktive.

Viele Rezensenten wandeln den Klappentext ab. (Der Klappentext ist das, was auf der Innenseite des Schutzumschlages steht: Wie unerhört begabt, genial und originell der Autor und wie interessant und wertvoll das Werk ist. Der Klappentext stammt vom Verlag.) Einem solchen Rezensenten sollten der Autor und alle, die mit ihm am Erfolg des Buches mitnaschen wollen, dankbar sein. Wer den Klappentext abschreibt oder mit kleinen Variationen wiedergibt, verdirbt nichts. Dem Rezensenten macht es wenig Arbeit, den Verlag und den Buchhändler freut es, und der Journalist kann bei der nächsten Buchpräsentation mit einem festen Platz am Kalten Buffet rechnen.

Meine liebsten Kritiken sind nicht die guten, braven, sondern die, die sich auseinandersetzen mit dem Text, bei denen man merkt, daß der Kritiker das Buch wirklich gelesen hat. Oder verlange ich da zuviel?

Gute Kritik macht mich verlegen, und weil ich mich selber nicht besonders schätze, fühle ich mich nicht behaglich dabei.

Schlechte Kritik trifft mich, aber nicht sehr. Ich habe dafür Verständnis, denn ich würde auch lieber besser schreiben, wenn ich es könnte.

Was ich allerdings nicht mag, ist die böse, die gehässige, die feindselige Kritik, denn da frage ich mich: Was habe ich diesem Menschen getan, den ich gar nicht kenne, daß er mich persönlich angreift?

Anderseits sollte man auch bitterböse Kritiken nicht überbewerten.

An einem Tag, an dem ich in der Morgenzeitung eine vernichtende Kritik über mich zu lesen bekam, fand ein Attentat auf den amerikanischen Präsidenten statt, mußte eine gute Freundin für ihren Sohn eine Niere spenden, stürzte sich eine Bekannte in einer Anwandlung von Depression aus dem Fenster, erfuhr ich von einer Schulkollegin, daß sie zwei behinderte Kinder hat.

Angesichts dieses Jammers habe ich mich gefragt: Eine schlechte Kritik – ist das ein Problem?

Machen Sie oft Autogrammstunden in Buchhandlungen?

Eigentlich habe ich nie einen Buchhändler gehabt, den ich *meinen* Buchhändler hätte nennen können. Als Kind bekam ich die Bücher von meinen Eltern geschenkt, und es ist anzunehmen, daß mein Vater sie beim Matzner in der Kalvarienberggasse gekauft hat, denn eine andere Buchhandlung gab es meines Wissens in Hernals nicht.

Während des Krieges waren Bücher wie so vieles andere Mangelware, ich erstand sie dort, wo ich ihrer habhaft werden konnte. Damals kaufte man nicht nach Interesse, sondern nach Vorhandensein. So mancher Ladenhüter, den ich in normalen Zeiten sicher nicht gekauft hätte, verstellt mir noch heute den Platz in der Stellage. Aber Bücher wegzuwerfen bring' ich halt auch nicht fertig.

Als dann der Krieg zu Ende war und man langsam, sehr langsam wieder kaufen konnte, was zum täglichen Leben nötig war, Kleider, Wäsche, Möbel, fehlte das Geld zu intensivem Bucherwerb.

In dieser Zeit habe ich jenen Buchhändler für mich entdeckt, der noch am ehesten als „meiner" gelten konnte. Nicht, weil ich so viel bei ihm gekauft hätte. Aber mit ihm konnte man wunderbar über Bücher reden, er liebte sie, und manchmal hatte ich das Gefühl, daß er sich von besonders schönen Ausgaben nur schwer trennen konnte und sie am liebsten gar nicht verkauft hätte.

Ein guter Buchhändler sollte Freund und Helfer sein, und für mich war er es wirklich. Denn er hat sich der Mühe unterzogen, das Manuskript meiner „Kuchlkredenz" bei den Verlagen herumzureichen, wozu ich selber nie fähig gewesen wäre. Er ist daher in hohem Maße an meiner literarischen Karriere mitschuldig.

Seither habe ich eine Menge Buchhändler kennengelernt. Eine geballte Ladung war bei der Präsentation meines Erstlings anwesend. Sie umringten mich, plauderten, gaben sich interessiert und liebenswürdig und behielten mich zum Glück in gutem Gedächtnis, mich und mein Buch. Nicht so sehr, weil ich einen so unauslöschlichen Eindruck gemacht hätte, sondern eher, weil ihnen der Verlag ein Kaffeehäferl mit Zwiebelmuster, dem gleichen Muster, wie es den Einband der „Kuchlkredenz" schmückte, zum Geschenk gemacht hatte. Aus dem tranken sie jahrelang, und bei jedem Schluck Kaffee wurden sie an mich erinnert und verkauften meine Bücher daher recht eifrig.

Ein guter Kontakt zum Buchhändler, nicht nur zum Geschäftsinhaber, sondern auch zum Buchverkäufer, ist für den Autor erfreulich, weil Leute, die mit Büchern zu tun haben, meist nette, kultivierte Menschen sind. Er ist aber auch wichtig, weil der Buchhändler, der den Kunden Bücher empfehlen muß, eher solche empfiehlt, zu deren Autor er eine gewisse Beziehung hat.

Ich war schon in vielen Buchhandlungen zu Gast, bei Autogrammstunden und Lesungen.

Um der Wahrheit die Ehre zu geben: Großes Gedränge herrscht bei meinen Autogrammstunden nicht.

Mag sein, daß sich um einen prominenten Schauspieler oder einen Fußballstar die Verehrer drängen, um nur einen Blick auf ihn werfen zu dürfen.

Bei mir hält sich das Interesse in Grenzen. Mich anschauen zu dürfen ist nicht besonders lohnend, außerdem bringt es, fürchten die Leute, die Verpflichtung mit sich, ein Buch zu kaufen. Und wer gibt schon gern Geld aus.

Ich pflege daher den Buchhändler, der mich für eine Signierstunde gewinnen will, von vornherein zu warnen, er möge sich keine übertriebenen Hoffnungen wegen Umsatzsteigerung machen.

Meist bringt eine Lesung mehr Erfolg, da kriegen die Leute eher Lust, ein Buch zu kaufen, wenn ihnen das Vorgelesene gefallen hat.

Mich persönlich stört eine geringe Publikumsbeteiligung nicht, ich lese auch ganz gern den Buchhändlern aus meinen Büchern vor, denn wer von ihnen kann bei der gewaltigen Menge von Büchern, die täglich auf den Markt kommen, alles selber lesen.

Liest man ihnen aber ein paar Kostproben vor,

wissen sie, woran sie sind, und können entsprechend empfehlen.

Außerdem ist ein kleines, intimes Plauderstündchen in einer Buchhandlung immer sehr angenehm. Es riecht so gut nach Buch, vermischt mit Kaffee, den man meist kredenzt bekommt. Man tratscht und signiert ein paar Bücher, die später verkauft werden.

Denn sonderbar: Nachdem die Signierstunde längst vorbei ist, erscheinen die Kunden und bedauern, sie verpaßt zu haben.

Es gibt aber auch Lese- und Signierstunden, vorwiegend außerhalb Wiens, die so gut besucht sind, daß kein Platzerl mehr frei ist, was mich als Vortragende freut. Da klingelt dann auch die Kassa fröhlich, was wiederum den Buchhändler freut.

Vorhersagen läßt sich bei solchen Unternehmungen gar nichts.

Das macht sie ja so spannend.

Schreiben Sie noch Gelegenheitsgedichte?

Das Gelegenheitsgedicht stand am Anfang meiner poetischen Laufbahn. Man könnte darüber philosophieren, ob nicht jedes Gedicht ein Gelegenheitsgedicht im weitesten Sinn ist, aber davon soll hier und jetzt nicht die Rede sein.

Die Gelegenheiten ergaben sich im Laufe des Lebens von selbst: Schule, Arbeitswelt, Familie, Freunde boten genügend Anlässe, die bedichtet werden sollten und auch bedichtet wurden.

Als die Schreiberei professionell wurde, nahmen die Gelegenheitsgedichte ab, denn sie sind ja nur für ein bestimmtes Ereignis oder eine gewisse Person gedacht und für einen größeren Kreis nicht interessant.

Das erste professionelle Gedicht dieser Art wurde, auf Bestellung meines Verlages, für die Einladung zur Präsentation meines ersten Buches geschrieben:

„Allaa bist gar nix!“ – drum gebts uns die Ehr’
und kummts zur Jausen und Büachelpremiere –
ka Cocktailparty, ka noblichs Diner –
des Buach wird tauft mit an Häferl Kaffee!

Allmählich wurde der Kreis meiner Leser größer, und immer öfter trafen Wünsche, ja sogar Bestellungen von Wildfremden ein, die Gedichte für Geburtstage, Familienjubiläen und ähnliche Anlässe von mir wollten.

Das müßte man einmal ernsthaft überdenken: „Gelegenheitsdichter“ als Beruf! Mit einem Taferl an der Tür: „Dichterei en gros und en detail.“ Und in der besseren Gesellschaft würde man einander fragen: „Wo lassen Sie dichten?“

Dazu konnte ich mich allerdings vorderhand nicht entschließen. Ich lehne solche Bestellungen meistens ab, mit ganz wenigen Ausnahmen.

Das Gedicht „Der Ernst des Lebens“ ist auf Wunsch eines sehr lieben (mir persönlich unbekannten) Großvaters entstanden, der für seinen Enkel zum 14. Geburtstag ein Gedicht gebraucht hat. Das zu schreiben hat mir Freude gemacht, dem Opa und seinem Enkel hoffentlich auch. Später wurde es dann in ein Buch aufgenommen.

Nicht ablehnen kann man allerdings, wenn bei einer Einladung aus heiterem Himmel ein Gästebuch auftaucht.

Das Essen war gut, die Getränke gepflegt, das Gästebuch ist in Leder gebunden, mit Goldschnitt. Die erlesene Gästeschar blickt mit hohen Erwartungen auf mich. Peinlich.

Auf Knopfdruck habe ich noch nie dichten können.

Um mich mit Anstand aus der Affäre zu ziehen, habe ich in einer Mußestunde ein paar Verserln für solche Gelegenheiten gebastelt und sie immer im Geldbörsel mit mir herumgetragen. Eine Zeitlang hatte das Gästebuch für mich seinen Schrekken verloren.

Leider wurde mir das Geldbörsel eines Tages gestohlen und mit ihm auch die Gedichte. Sie zu rekonstruieren war mir zu mühsam und langweilig, daher ließ ich es sein. Seither schreibe ich in die mir unterbreiteten Gästebücher nur mehr Unterschrift und Datum.

Als der „Kurier" in seiner Zitatensammlung einmal ein etwas anrüchiges Zitat aus meinem Buch „A bissl Schwarz, a bissl Weiß" brachte, konnte ich nicht umhin, dies in Versform zu kommentieren, und ich habe an die Zeitung geschrieben:

Freund Goethe, das ist unbestritten,
hat brav den Pegasus geritten.
Doch höchsten Ruhm konnt er erringen
mit seinem Götz von Berlichingen.
Ein Ausspruch draus ist bis zur Stunde
stets Tag für Tag in aller Munde.
Auch der „Kurier", nebst andern Dingen,
will manches Mal Zitate bringen.
Was ich einst schrieb mit reinem Sinn,
steht plötzlich schwarz auf weiß dort drin.
Man weiß, was in der Zeitung steht,
trägt bei zur Popularität.
Das stimmt: ich finde kaum mehr Ruh.
Beglückt ruft mir's ein jeder zu.
Wie das Zitat heißt, wollt ihr wissen?
Verzeihung: „Heit is' einigschissen!"
Worüber sittsam ich erröte.
Und suche Trost. Bei Herrn von Goethe.

Wie sind Sie dazu gekommen, Liedertexte zu schreiben?

In einer Zeitungskritik, meine „Kuchlkredenz" betreffend (keiner sehr günstigen), steht zu lesen: „Es sind in Wahrheit Couplets, die alte Volkssängertradition lebt in diesen Schlagern in modischem Ton wieder auf. In der guten alten Zeit hätte sie vielleicht ein Oscar Straus komponiert und ein Girardi gesungen . . ."

Der Kritiker verfügte über ein prophetisches Gemüt. Es standen mir zwar kein Oscar Straus und kein Girardi mehr zur Verfügung, aber trotzdem bin ich bald ins musikalische Fahrwasser geraten.

Die Frau des bekannten Kapellmeisters Johannes Fehring, von ihrem Mann ausgeschickt, um Texte für Kurt Sowinetz zu suchen, stöberte in einer Buchhandlung meine „Kuchlkredenz" auf.

Es ergab sich, daß zwei Texte daraus vertont werden sollten, einen dritten, ein bös-süßes Wienerlied, „I bin dahaam", habe ich auf Verlangen geschrieben, und so war ich auf der ersten, höchst erfolgreichen Sowinetz-Platte mit drei Titeln vertreten.

Der musikalische Stein war ins Rollen gekommen, alles hat sich von selbst entwickelt, ich brauchte nichts mehr dazu zu tun. Bis auf die Arbeit, die mußte natürlich getan werden, und so anständig wie möglich.

Seither habe ich eine Menge Texte verfaßt, mit diversen Musikern zusammengearbeitet und für viele bekannte Interpreten geschrieben.

Mit Vergnügen. Denn es hat einen eigenen Reiz, statt in der gewohnten Einsamkeit plötzlich in einem Team zu arbeiten.

Man fragt mich oft, wie ich einen Text schreibe: zuerst die Worte, dann die Musik, oder umgekehrt zur vorhandenen Musik den Text?

Man sollte eigentlich beides können, und ich weiß nicht, was mir lieber ist. Sicher ist man, wenn es noch keine Musik gibt, freier. Plagen muß sich dann der Komponist.

Ist die Melodie vorhanden, lasse ich mir Klaviernoten davon geben oder wenigstens eine Notenskizze. Manche Autoren ziehen ein Tonband vor. Ich habe lieber Noten vor mir und spiele mir am Klavier die Melodie vor. (Wie gut, daß mich meine Eltern seinerzeit Klavierspielen lernen ließen!) Es kann sein, daß man eine Stelle wieder und wieder spielt, sie verfolgt einen auf Schritt und Tritt, aber es will sich kein passender Text dazu einstellen.

Die Komposition ist wie ein Korsett, in das man die Worte zwängen muß, der Rhythmus soll stimmen, die Sprachmelodie, die Betonung, die Reime. Und sangbar sollen die Worte schließlich auch noch sein.

Daß der Inhalt zum Interpreten passen soll, ist überhaupt Voraussetzung.

Texten ist harte Arbeit, aber auch Herausforderung. Man ist so vielen Faktoren verpflichtet, kaut an ein paar Zeilen tagelang, dreht sie hin und her, um sie dann schließlich durch völlig andere zu ersetzen. Für diese Plage gibt es dann spärliche Tantiemen. Ruhm ist keiner zu ernten. Textautoren blühen im verborgenen. Ihr Name wird nur selten bekannt. Obwohl er ordnungsgemäß auf Noten und Schallplatten angeführt ist. Auch der Komponist bleibt oft im Hintergrund. Was zählt, ist und bleibt der Interpret.

Warum schreiben Sie?

Eine einfache Frage, und wie die meisten einfachen Fragen schwer zu beantworten. Warum schreibe ich eigentlich wirklich?

Kaum aus einem inneren Drang, aus einem Bedürfnis, mich anderen mitzuteilen, und sicher nicht aus einem missionarischen Eifer, die Welt verbessern zu wollen. Anfangs wohl aus Spaß, lustige Gedichte, die denjenigen, für die sie bestimmt waren, auch Spaß machen sollten. Das Reimen fiel mir leicht, die Pointen stellten sich von selbst ein, auf Versmaß und literarische Qualität brauchte ich keine Rücksicht zu nehmen.

Das erste Buch brachte mir einen unerwarteten Erfolg, die Kritiker waren gnädig, das Publikum begann mich zu mögen.

Wäre mein Opus 1 ein Mißerfolg geworden, hätte ich sicher kein zweites geschrieben.

Die Euphorie des ersten Erfolges hat allerdings nicht lange angehalten. Die Unbefangenheit, mit der ich bisher geschrieben hatte, verließ mich, und die Verpflichtung, auch weiterhin etwas Ordentliches zustande zu bringen, hat mir bange gemacht.

Der bekannte Skiläufer Leonhard Stock hat einmal gesagt: „Skifahren muascht als Hobby betreiben. Wanscht es amol als Beruf betreibst, isch scho vorbei ...“

Sicher hätte ich es bei einem einzigen Gedichtband bewenden lassen können, aber Erfolg ist wie eine Droge, man wird danach süchtig. Außerdem geht es mir nicht nur ums Schreiben, sondern viel mehr noch ums Lesen. Ich möchte meinem Publikum doch nicht immer nur alte Sachen vorlesen, die mir selbst schon langweilig sind. Um mich selber durch Erweiterung meines Repertoires zu unterhalten, muß ich halt wieder ein neues Buch schreiben.

Es ist nicht nur der Erfolg, nach dem man süchtig ist. Das Schreiben selbst, die Arbeit, der Prozeß, während dessen man um ein Wort, einen Satz, eine Pointe ringt, diese Zeit höchster Konzentration zwischen Hoffnung und Verzweiflung bringt ein gesteigertes Lebensgefühl.

Lust, mit Qual vermischt, ein Schöpfungsakt.

Auch bei den unbedeutendsten, schlichtesten Gstanzeln.

Außerdem bringt es ein bißchen Butter aufs tägliche Brot, das ist auch nicht zu verachten.

Wie entsteht ein Gedicht?

Manche Leute glauben, daß sich der Poet eines Tages mit der Absicht, ein Gedicht zu verfassen, hinsetzt, kurz nachdenkt und dann ein Meisterwerk, das Produkt dieses Nachdenkens, in die Maschine tippt.

Aber was als Endprodukt so leicht und einfach aussieht, ist nicht immer so leicht entstanden. Der Schweiß soll nur im stillen Kämmerlein fließen, der fertigen Sache braucht man ihn nicht anzumerken.

Ganz ohne Transpiration geht es allerdings nicht. Natürlich ist die Arbeitsweise bei jedem verschieden. Bei mir muß zuerst eine Idee da sein. Die fliegt mir, wenn ich Glück habe, zu – manchmal das Thema, manchmal auch eine besonders reizvolle Zeile, ein Anfang oder eine Schlußzeile. Das ist so ziemlich das einzige, was mir zufliegt.

Wann die Einfälle kommen? Meist zu einer ungelegenen Zeit. Etwa beim Geschirrabwaschen, wenn ich nasse Hände habe, beim Einkaufen, wenn ich schwere Taschen schleppe, beim Anhören eines langweiligen Vortrags, meistens dann eben, wenn das Aufschreiben des Einfalls schwierig ist. Man muß ihn trotzdem notieren. Sonst ist er weg. Einfälle sind nicht haltbar. Bei mir liegen deshalb überall in der Wohnung Notizzettel herum, und natürlich trage ich auch, wo ich gehe, stets einen Block mit mir.

Aus der Idee, die ich mir notiere, und auf die ich meist erst viel, viel später zurückkomme, ergibt sich der Inhalt des Gedichtes, aber auch seine Form. Und ab nun muß gearbeitet werden.

Das Reimen, das mir zwar von Kindesbeinen an leichtfiel, hat seine Tücken. Mancher Reim, und wäre er noch so naheliegend, fällt einem einfach nicht ein. Als Hilfe für den Reimeschmied bietet sich ein Reimwörterbuch an. Leider gibt es vertrackte Wörter, auf die sich nichts, aber auch gar nichts reimt. Da muß man dann oft von einer besonders schönen und gescheiten Zeile Abstand nehmen und eine andere, möglichst gleichwertige suchen, die sich reimen läßt. Der Sinn muß passen, der Rhythmus muß passen – es ist eine rechte Wortklauberei, und zwei Zeilen erfordern oft stundenlanges Grübeln und Probieren.

Der einfachen Sprache der Mundart entspricht am besten eine einfache Form, paarweise oder gekreuzte Reime etwa.

Manchmal allerdings spiele ich auch ein wenig mit komplizierteren Formen, mit Hexametern, Nibelungenstrophen und Sonetten, hauptsächlich zu meiner eigenen Unterhaltung. Das Publikum merkt meistens nichts davon, dem ist der Inhalt wichtiger als die Form. Nur einschlägig Gebildete haben ihren Spaß daran.

Bei einem meiner ersten Gedichte, „Mei Bua“, kann ich mich noch an den Einfall erinnern, der dann der Stein des Anstoßes für so vieles war. Mir hat bei der Gegenüberstellung Bua – Madel der Doppelsinn gefallen, und die erste Zeile, die mir eingefallen ist, war „Mei Bua hat a Madel“, was dann den Anfang der letzten Strophe bilden sollte. Aus dieser Zeile hat sich das Gedicht entwickelt.

Was hat der Bua noch?

Es muß etwas Zweisilbiges sein, damit es dem zweisilbigen „Madel“ entspricht. „Auto“ schien mir zu erwachsen, „Fahrrad“ zu harmlos. „Moped“ war gerade richtig. Obwohl der echte Bua nie eines besessen hat . . .

Nach der Bangigkeit vor der Gefährlichkeit des Mopeds müßte ein wenig Stolz kommen auf den Heranwachsenden. „Beruf“ würde wegen der Betonung auf der zweiten Silbe den Rhythmus stören, „Job“ war zu einsilbig, „Arbeit“ nicht eindeutig genug. „Hacken“ hat allen Anforderungen entsprochen und das Rennen gemacht. (Allerdings muß bei Lesungen außerhalb von Wien erklärt werden, daß es sich bei einer Hacken keinesfalls um eine Axt oder ein Beil handelt.)

Aus diesen Ingredienzien hat sich das Gedicht dann ganz von selbst gemacht.

Der erste Entwurf wird mit der Hand auf Schmierpapier, meist auf die Rückseite eines alten Manuskripts, gekritzelt, ich streiche, verbessere, schreibe drüber und drunter, notiere Alternativen am Rand und kann das Geschmiere oft selber nicht mehr lesen.

Dann lasse ich das Blatt erst einmal über Nacht liegen. Tags darauf schreibe ich es in die Maschine. Wieder nur auf Schmierpapier, weil ich ein sparsamer Mensch bin.

In Maschinschrift schaut alles gleich ganz anders aus, lesbarer und ein wenig unpersönlicher. Die Fehler werden deutlicher sichtbar und müssen mit der Hand ausgebessert werden. Das ergibt wieder ein verschmiertes Blatt.

Oft schreibe ich es nochmals und abermals ab, bis ich mich zu einer Reinschrift (mit Durchschlag) entschließe. Die wandert dann in einen Ordner mit dem Titel „Die Dichtung tröpfelt weiter" und darf bis auf weiteres vergessen werden.

Wenn ich das Gedicht nach Monaten oder Jahren wieder hervorhole, habe ich bereits soviel Distanz dazu, daß ich es entweder für passabel, für verbesserbar oder reif für den Papierkorb halte. Dann ziehe ich aus dieser Erkenntnis die Konsequenzen.

Im Laufe der Jahre hat sich meine Art zu schreiben ein wenig verändert. Früher konnte ich im Büro inmitten von Telephonläuten und Fernschreibgeratter arbeiten. Heute kann ich nur an meinem großen Eßtisch schreiben, der genug Platz für einen Wust von Papieren bietet. Wenn dazu das Radio spielt, stört mich das nicht. Völlige Stille vertrage ich nur in Ausnahmefällen.

Nur der Sessel muß immer an derselben Stelle stehen.

Warum schreiben Sie in Mundart?

Mundart ist einfach. Sie verlangt größte Ehrlichkeit; jeder falsche Ton ist genau zu hören, viel deutlicher als in der Hochsprache. Man darf den Mund nicht zu voll nehmen, und man kann auch nicht schwindeln.

Außerdem ist die Mundart noch lebendig und schöpferisch, während die Schriftsprache ein wenig steril und starr geworden ist. Im Zeitalter des Unterspielens in Film und Fernsehen, aber auch im Theater ist man gegen große Töne, gegen Pathos sehr empfindlich geworden. Und das Hochdeutsche klingt in unseren Ohren eben oft ein wenig pathetisch. Wer von uns würde, wenn es ihm ernst ist, sagen „Ich liebe dich", ohne Gefahr zu laufen, sich lächerlich zu machen?

Heinrich Laube soll einmal zu dem Schauspieler Rudolf Tyrolt gesagt haben: „Ihr Österreicher seid merkwürdige Leute! Wenn ihr in euerem Dialekt reden dürft, seid ihr plötzlich doppelt so gute Schauspieler."

Freilich habe ich mich nicht hingesetzt und mir vorgenommen: Jetzt schreibe ich in Mundart! Es hat sich einfach so ergeben. Ich fühle mich in dieser meiner Mutter Sprache wohl.

Die Schriftsprache, so habe ich es oft zu erklären versucht, ist für mich wie ein Stöckelschuh: schön, elegant, man wirkt dadurch größer, ist aber unsicher, weil man leicht umkippt. Die

Mundart hingegen ist wie ein bequemer Hausschuh: nicht elegant, aber man fühlt sich darin geborgen und zu Hause.

Wienerisch zu schreiben und zu singen ist wieder modern geworden. Allerdings: nicht alles, was sich wienerisch anhört, ist wienerisch. Wenn ein namhafter Interpret singt, daß er mit dem Franz auf einen „schönen Wein" gehen will (obwohl sich's bei einem „guaten Wein" mit dem Rhythmus genauso ausgegangen wäre), wenn eine Dame sich erinnert, daß sie „alle Glaseln g'leert" hat, wenn „dennoch" statt „trotzdem" gesungen wird, dann stimmt das in meinen Ohren nicht.

Man sollte in der Mundart denken und empfinden, sonst wirkt die mundartliche Diktion aufgesetzt und unecht.

Freilich gibt es nicht nur *ein* Wienerisch. Wir haben viele Variationen, nicht so sehr der geographischen wie der sozialen Herkunft nach.

Zwischen dem leicht nasalen Ton der „besseren" Kreise bis zur Sandlersprache spannt sich ein weiter Bogen, auch der sprachliche Unterschied zwischen den Generationen ist beträchtlich, die Mundart wandelt sich ständig. Sie ist eben lebendig, und das ist das Schöne daran.

Glauben Sie, daß Radio und Fernsehen vom Lesen abhalten?

Es wird viel gejammert, Radio und Fernsehen seien schuld daran, daß sich die Lesegewohnheiten der Menschen verändert haben.

Ich darf in diesen Klagegesang nicht mit einstimmen, im Gegenteil, ich müßte diesen vielgelästerten Medien ein Loblied singen. Ohne sie würden meine Bücher sicher weniger gelesen.

Der Rundfunk war ja sogar schuld daran, daß meine Gedichte überhaupt gedruckt wurden.

Und kaum war die „Kuchlkredenz“ im Werden, wurde ich selbst ins Funkhaus eingeladen, zu meinem ersten Interview, und bald darauf auch zu einer Lesung aus eigenen Werken.

Das erste Mal war, wie alles, was man zum ersten Mal tut, aufregend und verwirrend.

Im Lauf der Jahre gewöhnt man sich daran und nimmt dann vieles etwas gelassener.

Ein Rundfunkstudio besteht aus zwei Teilen, die durch getrennte Türen zu betreten sind: das eigentliche Studio, in dem meist nur ein Tisch, zwei Sessel und ein Mikrophon herumstehen. Dort sagt man auf, liest, wird interviewt, kurz, man erzeugt die Schwingungen, die auf geheimnisvollen Wegen das Ohr des Hörers erreichen sollen.

Durch eine Glasscheibe getrennt, agieren im anderen Raum, dem Regieplatz, der Tontechniker, den man mit „Herr Ingenieur“ anzureden hat, und ein Regisseur oder Redakteur oder beides. Sie stehen akustisch oder pantomimisch mit dem im Mikrophonkammerl Eingesperrten in Verbindung, geben Zeichen zum Anfangen und Aufhören, lassen wiederholen, wenn man sich versprochen hat, spielen Tonbänder auf und ab, mischen Musikalisches darunter und unterhalten sich dazwischen leicht und locker, plaudern und lachen, was man im stillen Kämmerlein sehen, aber nicht hören kann, während man selber im geräuschlosen Raum, der einem auch luftleer vorkommt, einen Schweißausbruch nach dem anderen hat vor Mikrophonangst.

Der luftleere Raum bekommt meinen Gedichten nicht besonders. Es fehlt das Publikum. Ich bin gewöhnt daran, beim Lesen den Zuhörern ins Gesicht zu schauen und mich an ihrer Reaktion festzuhalten.

Hier gibt es kein Publikum, das zu erobern wäre. Höchstens den Techniker hinter der Glasscheibe. Und in meiner Einsamkeit und stillen Verzweiflung lese ich für ihn. Wenn ihm, dem Abgebrühten, manchmal ein Lächeln entschlüpft, fühle ich mich gleich viel besser.

Zum Glück gesellt sich oft jemand zu mir, der mit mir plaudert und mich ausfragt. Ich habe Interviews eigentlich recht gern, weil ich mir dann nicht mehr ganz so verlassen vorkomme.

Meist werden solche Plaudereien aufgezeichnet, aber gelegentlich wird man auch zu einer Live-Sendung eingeladen.

Für den Zuhörer darf es keinen merkbaren Unterschied geben, für ihn soll jedes Interview gleich locker, gescheit, amüsant, spontan und anregend wirken. Das mag sich bei einer Aufzeichnung eventuell noch bewerkstelligen lassen, da kann man Ungeschicktes, Unziemliches oder Überlanges herausschneiden, kann wiederholen und verbessern.

Bei einer Live-Sendung geht das nicht, da schwebt das Wort, kaum den Lippen entfleucht, auf Ätherwellen sofort an des Hörers Ohr.

Dieses Bewußtsein ist quälend und schweißtreibend.

Man weiß um die eigene Unzulänglichkeit und staunt doch immer wieder, wieviel Blödsinn man, noch dazu grammatikalisch falsch formuliert, in einer einzigen Sendung von sich geben kann.

Ich höre mich selber nicht gern.

Freilich habe ich mich im Lauf der Zeit an meine Stimme gewöhnt. Anfangs aber war es ein Schock. Ich weiß nicht, woran es liegt, daß man von seiner Stimme eine ganz andere Vorstellung hat. Vermutlich hängt es mit der Resonanz zusammen, daß man sich in natura anders hört als auf Band. Mir kommt meine Stimme so schwer und teigig vor, die Sprache schleppend, besonders wenn ich frei spreche und um eine Formulierung ringe. Deshalb vermeide ich auch nach der Sendung, mir das soeben Produzierte anzuhören, sobald es der Toningenieur zur Kontrolle abspielt. Wenn man mich läßt, laufe ich lieber davon und hadere mit mir, weil ich wieder einmal nicht so gut war, wie ich eigentlich sein wollte.

Angenehmer als im Rundfunkkämmerlein zu reden ist es, bei öffentlichen Veranstaltungen mitzuwirken, die vom ORF direkt übertragen oder aufgezeichnet werden. Vor Publikum aufzutreten ist viel vergnüglicher, man hat eine Reaktion, ein Echo, was für mich und meine Vorlesungen günstig ist. Allerdings ist eine solche Unternehmung, wenn sie „live" übertragen wird, ganz schön spannend. Neben der üblichen Mikrophonnervosität kommt noch die Angst dazu, daß etwas passieren könnte. Und mit Recht, wie ich aus eigener Erfahrung weiß.

Lassen Sie mich von einem Turnier auf der Schallaburg erzählen, zu dem ich als Schiedsrichter geladen war.

Das „Turnier auf der Schallaburg" ist seit Jahren eine beliebte Sendung, die vom Rundfunkstudio Niederösterreich jeweils Samstag nachmittag direkt ausgestrahlt wird, also keine Aufzeichnung, sondern eben „live".

Das Schiedsrichteramt erfordert keine besonderen Vorbereitungen. Man setzt sich hin, verteilt mit ein paar launigen Worten Schallaburg-Taler und Rosen an die Turniergegner, es kann eigentlich gar nichts schiefgehen.

Dachte ich.

Es sollte anders kommen.

Zuerst brach in gewissen Teilen Niederösterreichs die Maul- und Klauenseuche aus, der Turnierort Schallaburg bei Melk lag im Sperrgebiet. Die Rundfunkleute beschlossen, ins nördliche Waldviertel auszuweichen und die Sendung in Allentsteig abzuwickeln.

Am Morgen rief mich Willy Kralik, der Erfinder und Hauptverantwortliche des Turniers an, etwas verwirrt, wie mir schien, was ich an ihm, dem Ruhigen und Besonnenen, gar nicht gewöhnt war. In Wien sei eine Jugenddemonstration angesagt, darum könne man mit der Mitwirkung von Horst Friedrich Mayer, der als Turnierkämpfer vorgesehen war, nicht rechnen, der sei im Aktuellen Dienst des Fernsehens unabkömmlich.

„Nimm deine Bücher mit!“ sagte er nervös. „Die Musiker hab’ ich schon verständigt, wenn alle Stricke reißen, machen wir einen musikalischen Nachmittag mit Gedichten!“

Aus war’s mit meiner Gelassenheit und der Aussicht auf ein friedliches Jurorendasein.

Aber es sollte noch schlimmer kommen.

Meine Gesammelten Werke im Marschgepäck, fand ich mich pünktlich im Funkhaus ein, um mit Willy Kralik zum Turnierort zu fahren. Wir brachen auf, reichlich spät für meine Begriffe, denn die Sendung sollte um vier Uhr beginnen. Aber Willy Kralik hatte seine Ruhe wiedergefunden und lenkte sogar noch auf den Küniglberg, um dort vielleicht doch den Dr. Mayer vom Aktuellen Dienst losreißen zu können.

Der mußte nur schnell ein paar Anweisungen für die Berichterstattung zur Demonstration geben, dann setzte er sich zu uns ins Auto.

Inzwischen war die Zeit nicht stehengeblieben, und Allentsteig ist weit. Wir fuhren. Immer nach Norden. Bei regem Ausflugsverkehr. Kralik war die Ruhe selbst. Beglückt tätschelte er uns die Hände. „Wenn ich alle in meinem Wagen habe, bin ich beruhigt. Da kann nichts mehr passieren!" sagte er munter. „Verschrei nichts!" warf ich ein. „Es fehlt ja noch Bruno Dallansky!" Dallansky, der bekannte Schauspieler und zweite Turnierkämpfer, kam direkt von seinem Bauernhof im Waldviertel. Kein Problem, meinte Kralik, und er sah noch immer glücklich drein.

Oh, mein prophetisches Gemüt.

Der Weg zog sich. Es war bereits halb vier, und von Allentsteig noch keine Spur. Um dreiviertel vier endlich ein Wegweiser „Allentsteig 6 km".

Zehn vor vier war der Ort erreicht, ein freundlicher Gendarm hatte vor einem Gasthaus einen Parkplatz freigehalten, wir stürmten in den Saal.

Der war vollbesetzt, die Rundfunktechniker hatten bereits alles vorbereitet, die Musiker waren auch anwesend, alles schien in Ordnung. Willy Kralik atmete auf.

„Und wo, bitte, ist Bruno Dallansky?" wagte

ich zu fragen und tastete bereits nach meiner Büchertasche.

Kralik erblaßte, befragte Wirt und Kellner, ob jemand Herrn Dallansky gesehen habe, aber er traf nur auf verständnislose Blicke.

Zwei Minuten vor vier. Um vier Uhr fünf ertönt die Fanfare, und die Sendung fängt an. Live!

In allerletzter Minute tauchte der gefeierte Mime auf, er war im wahrsten Sinn des Wortes ins Schleudern geraten auf einem vereisten Straßenstück.

Da erklang schon die Fanfare, ich erklomm das Podium, noch mitgenommen von den Aufregungen der letzten Minuten. Die wackeren Kämpfer, Dr. Mayer und Dallansky, „ritten ein", sie betraten federnden Schrittes das Podium, das Turnier nahm seinen Lauf.

Hinterher sagte mir eine Freundin, die mich gut kennt und die Sendung im Radio verfolgt hatte: „Ich weiß nicht, deine Stimme war anders als sonst. Mir kommt vor, du warst ein bissel nervös . . ."

Es gibt zwar viele Rundfunksendungen, die gern gehört werden, aber eines läßt sich nicht leugnen: Wir leben im Fernsehzeitalter.

Wer etwas auf sich hält, muß einmal im Fernsehen sein Gesicht hergezeigt haben. Man kann sich die Finger wundschreiben, sich im Radio heiser reden, ohne Fernsehen zählt das alles nichts.

Fernsehen ist wie Ritterschlag.

Erst wenn man auf der Straße, beim Einkaufen oder im Bad angeredet wird: „I hab Ihna gsehn im Fernsehn!“ ist man auf dem Weg zur Prominenz.

Meinen ersten Fernsehauftritt hatte ich bei der Präsentation meines Erstlings, der „Kuchlkredenz“, in der „Alten Backstube“.

Man richtete mir ein Platzerl her, in der Backstube, die der Besitzer des Lokals noch im Original belassen und von der es seinen Namen hat. Zwischen Backtrögen und Backofen wurde ich an einen Arbeitstisch gelehnt, bekam mein Buch in die Hand gedrückt, eine Kamera richtete sich auf mich, Scheinwerfer blendeten, der Toningenieur brummte, die Redakteurin gab mir das Zeichen zum Anfangen, und so hab' ich halt angefangen.

Man hat mich einfach ins kalte Wasser geworfen, schwimmen mußte ich allein.

Daß das damals gutgegangen ist, kann ich nur meiner Ahnungslosigkeit zuschreiben.

Während ich „Mei Bua“ vorlas, Scheinwerfer, Kamera und Mikrophon in Funktion waren (im Studio gibt es da rotes Licht, „Achtung Aufnahme“, und der Eintritt ist strengstens verboten), zogen hinter der Fernsehapparatur die Gäste vorbei in die für die Gastereien vorgesehenen Räume. Und wie das so ist bei Fernsehaufnahmen: Jeder blieb stehen und schaute erst ein Weilchen interessiert zu, bevor er weiterging, und alle plauderten angeregt drauflos. Deshalb war bei meinem ersten Fernsehauftritt im Hintergrund heftiges Volksgemurmel zu hören.

Gezeigt wurde der Beitrag ein paar Tage später im Rahmen einer Kultursendung, die sich im Normalfall nur eine kleine Minderheit ansieht.

Ich hatte aber Glück, der Beitrag begann mit einiger Verspätung und geriet unversehens in die Beginnzeit der Heinz-Conrads-Sendung, so daß meine kleine Lesung auch von dem großen Conrads-Publikum gesehen wurde. Rein zufällig war ich von der Kultur in die Unterhaltung gerutscht, und das tat meiner jungen Popularität sehr gut.

Seither war ich öfter im Fernsehen zu betrachten, im Seniorenclub, in etlichen Sendungen von Heinz Conrads, bei „Wir", sogar kochen mußte ich einmal vor der Kamera.

Ich kenne noch das liebe, alte, schäbige, aber gemütliche Etablissement Ronacher als Fernsehstudio, und ich kenne auch den neuen, beeindrukkenden Küniglberg, dieses Labyrinth von Gängen, aus dem man ohne fremde Hilfe nicht mehr herauszufinden glaubt.

Ich bin schon im Freien, bei glühender Hitze in der Lobau oder bei Eiseskälte auf der Alszeile vor der Fernsehkamera gestanden. Aufregend war es eigentlich immer, und ohne Überraschungen geht es selten ab.

Wenn es sich ergibt, kommt das Fernsehteam auch zu mir nach Hause.

Einmal hatte ich ein Buch zu besprechen. Das würde in meiner Wohnung persönlicher wirken, sagte man mir.

Die Mannschaft rückte also an, eine stattliche Anzahl starker Männer, die Kamera, Kabel, Scheinwerfer, Mikrophone, Tonbandgeräte und geheimnisvolle schwere Metallkisten schleppten.

Alle waren sehr freundlich und rücksichtsvoll. Es stimmt nicht, daß sie Löcher in die Decke bohren oder Wände umlegen. Nein, sie verrücken höchstens ein bißchen die Möbel, schlagen Vorhänge zurück, probieren leise fluchend die unzulänglichen Steckkontakte, bemühen sich, keinen Kurzschluß zu erzeugen, und verlassen den Schauplatz erst, nachdem sie alles wieder in den ursprünglichen Zustand zurückversetzt haben.

Man setzte mich in einen Fauteuil unter meiner Stehlampe, beleuchtete mich, so gut es ging, probierte das Mikrophon aus, die Redakteurin stellte sich neben die Kamera, damit ich in ihr gütiges und nicht in das feindlich-kalte Auge der Kamera blicken konnte.

Den Text hatte ich mir vorher zurechtgelegt, aber zum Glück nicht auswendig gelernt.Es ging los, die Kamera lief, ich redete, nicht so locker, wie ich es mir gewünscht hätte, aber immerhin ohne mich zu verhaspeln und den Faden zu verlieren.

„Sehr schön!“ sagte die Redakteurin lobend. „Sehr schön. Nur leider um zwei Minuten zu lang. Sie haben sechs Minuten gesprochen, wir haben aber nur vier Minuten Sendezeit. Bitte noch einmal, genau so, aber um zwei Minuten kürzer.“

So etwas ist grausam.

Abgesehen davon, daß man ein photogenes Gesicht machen und ordentlich sprechen soll, muß man den vorbereiteten Text vergessen und nur daran denken, die gleiche Sache um zwei Minuten kürzer abzuspulen.

Ein Trost war mir geblieben, an dem rankte ich mich empor: Es war ja eine Aufzeichnung. Wenn sie mißlang, konnte man wiederholen.

Doch auch dieser kleine Trost wurde mir brutal genommen.

Der Kameramann, der an seinem Gerät herumhantiert hatte, erklärte plötzlich, er hätte nur mehr ein paar Meter Film, gerade genug für unsere vier Minuten.

Mit Todesverachtung und dem Bewußtsein, es müsse, es müsse einfach aufs erste Mal klappen, habe ich losgelegt.

Fragen Sie mich nicht, was ich geredet habe, es ist in meinem Gedächtnis wie ausgelöscht.

Ich weiß nur, daß die Redakteurin nach einem Blick auf ihre Stoppuhr triumphierend ausrief: „Vier Minuten!“ und alle erleichtert aufatmeten.

Ob der Kameramann wirklich keinen Film mehr hatte oder ob er nur bald nach Hause wollte und dazu diesen brutalen Weg wählte, habe ich nie erfahren.

Im Studio ist alles viel leichter.

Die Maskenbildnerin zaubert einem eine schöne Frisur und ein neues Gesicht, daß man sich selber kaum wiedererkennt. Eine luxuriöse Garderobe steht zur Verfügung, man ist vom ersten bis zum letzten Augenblick von bewährten Fachleuten umgeben und fühlt sich geborgen.

Freilich, wenn man in das unmenschliche Kameraauge blickt, ist es aus mit der Geborgenheit.

Man muß schon sehr viel Routine haben, um die Kamerascheu zu verlieren.

Die meisten Sendungen werden aufgezeichnet und erst später gesendet. Das ist tröstlich. Man kann, wenn man sich verspricht, um eine Wiederholung bitten. Allerdings macht man sich damit nicht beliebt, aber der Gedanke, daß es möglich ist, hilft.

Wie ist nun die Reaktion des Publikums auf eine Sendung, die oft unter mißlichen Verhältnissen, mit beträchtlichem Aufwand an Technik und Menschenkraft zustande gekommen ist, an der stundenlang gearbeitet wurde, in der jeder sein Bestes gab und die dann in ein paar Minuten vorbeigeflimmert ist?

Bei einem Auftritt im „Seniorenclub", bei dem ich mich bereits zum „Stargast" hinaufgedient hatte und daher relativ lang im Bild zu sehen war, bei dem das Buch, aus dem ich vorgelesen habe, groß von der Kamera erfaßt wurde, mein Name und auch der Buchtitel des öfteren genannt wurden, kam eine Anzahl von Briefen an den ORF, die mir dann zugeschickt wurden.

Einen besonders typischen möchte ich zitieren:

„. . . Sonntag war eine Frau bei euch die von ihr selbst einige Gedichte dichtete, und gelesen hat, die mir gefielen, und dieses Buch wenn sie es zum Verkauf hat, so möchte ich sie bitten von diesem Buch eines zu verkaufen . . ."

Abgesehen davon, daß der Brief wirklich rührend ist, weil er dem Schreiber offenbar große Mühe gemacht hat, zeigt er doch, daß der Durchschnittsseher sich weder Namen noch Buchtitel merkt, höchstens noch die Tatsache, daß die Person auf dem Bildschirm eine Frau war.

Es wirkt befremdend, seine eigene Stimme im Rundfunk zu hören. Viel schlimmer aber ist es, sich selber ins Gesicht zu schauen. Da merkt man erst, daß man beim Lächeln einen schiefen Mund macht, das eine Auge zukneift, mit den Händen gestikuliert, dasselbe Wort viel zu oft gebraucht und was es sonst noch für Unarten gibt.

Freilich könnte man das Fernsehen zur Selbstkontrolle verwenden, seine Mängel erkennen und sich bessern. Das würde vermutlich auch klappen, wenn man jede Woche einen Auftritt hätte. Einmal im Jahr ist zuwenig. Selbst wenn man seine Fehler merkt und sich vornimmt, sie künftig zu vermeiden, beim nächsten Mal hat man alles vergessen, und das Elend fängt von vorne an.

Es gibt Leute, die sich selber gern sehen und auch insgeheim fabelhaft finden. Ich halte es da eher mit Wilhelm Furtwängler, der einmal gesagt haben soll: „Ich bin nicht mein Typ."

Lesen Sie lieber vor alten oder vor jungen Leuten?

Naturgemäß werde ich oft zu Veranstaltungen für ältere Leute eingeladen, die man heute euphemistisch „Senioren“ nennt. Die Menschen der reiferen Jahrgänge zählen zu meinen treuesten Anhängern.

Sie haben ja vieles, von dem ich schreibe, selbst erlebt und können sich damit identifizieren.

Für junge Menschen darf man Ernstes, Deprimierendes, Kritisches bringen, das gehört heute zum guten Ton. Sie sind in die Tristesse verliebt, und ihre Lieblingsfarbe ist Dunkelgrau bis Schwarz.

Die Alten lieben Rosarot, die vielgelästerte „heile Welt“. Sie haben so viel Trauriges erlebt in den langen Jahren, jetzt wollen sie den deprimierenden Alltag vergessen, sie wollen erheitert und getröstet, auch mit einem Schimmer Hoffnung versorgt werden. Wer kann es ihnen verdenken?

Sie wollen die Welt nicht mehr verändern, sondern nur so erträglich finden, daß es sich darin leben läßt. Sie wissen um die eigenen Schwächen und die der anderen. Aber sie wollen darüber lachen dürfen.

Am Ende einer solchen Lesung kommen sie zu mir, drücken mir die Hand und bedanken sich.

„Mi braucht ka Schulkind lernen“, habe ich einmal in einem Gedicht geschrieben, in dem ich mir über die Fragwürdigkeit des Ruhmes meine Gedanken machte. Aber den Schulkindern wird heutzutage, so scheint es, nichts erspart, und so sind im Laufe der Jahre etliche meiner Gedichte über Schulfunk und Schulbücher in die Klassenzimmer gedrungen.

Daher wird gelegentlich der Wunsch wach, die Dichterin persönlich kennenzulernen. Der Wunsch kommt von der Direktion oder den Lehrern. Da aber eine Dichterlesung, so langweilig sie auch sein mag, immer noch besser ist als Geprüftwerden oder Schularbeiten schreiben, haben die Schüler nichts dagegen. Junge Leute sind kritisch, haben wenig Sitzfleisch, erzeugen Unruhe, wenn ihnen fad ist. Ältere Menschen schlafen höchstens ein, wenn sie sich langweilen, das stört akustisch nur in schweren Fällen.

Es gilt daher, die Jungen von Anfang an zu interessieren, Spannung zu erzeugen und sie auch die ganze Zeit zu halten. Man kommt sich ein bißchen wie ein Dompteur einer Raubtiernummer vor.

Gedichte, die das Älterwerden, die falschen Zähne und das Rheuma besingen, sind kein Thema für Schulkinder. Auch Liebesgedichte wähle man vorsichtig aus, besonders in einer gemischten Klasse, sonst gibt es bedeutungsvolles oder verlegenes Kichern, und die Aufmerksamkeit wendet sich vom Vortragenden ab.

Wenn sich die jungen Herrschaften auch noch

so alternativ, progressiv und sozialkritisch vorkommen, lachen tun sie alle gern, und es geht ein spürbares Aufatmen durch die Reihen, wenn es ihnen gestattet wird. Zu bedenken ist, daß sie viel reifer ausschauen als sie tatsächlich sind. Man darf sie nicht überfordern. Wenn es gelingt, sie vom passiven Zuhören oder Vor-sich-hin-Dösen zu aktiver Mitarbeit zu bringen, ist das natürlich günstig.

Gute, lebhafte Diskussionen sind allerdings selten. Die meisten fühlen sich gehemmt und gehen erst aus sich heraus, wenn die Stunde zu Ende ist. Da sind sie locker, besonders, wenn sie zum Autogrammholen ganz nahe kommen und man die Gelegenheit zu ein paar persönlichen Worten hat. Sie machen sich schon ihre Gedanken, sie möchten auch gern das und jenes wissen, aber wenn die Frau Fachlehrer und der Herr Direktor, vielleicht sogar der Herr Inspektor in der ersten Reihe sitzen, trauen sie sich nicht.

Nach einer Lesung vor einer vierten Hauptschulklasse in Ottakring ließ eine kluge Deutschlehrerin am nächsten Tag von den Kindern eine schriftliche Auswertung darüber machen, anonym, damit jeder frei von der Leber weg schreiben konnte, und das taten sie denn auch. Einen Auszug davon hat sie mir geschickt, den will ich Ihnen nicht vorenthalten.

„Gestern haben wir in unserer Klasse eine Dichterin zu Besuch gehabt. Ich fand Frau Marzik sehr sympathisch. Obwohl sie schon im Fernsehen war und einige Bücher geschrieben hat, benahm sie sich so, wie wenn sie zu uns gehören würde. Das Gedicht vom Schulmief brachte sie so, als ob sie selbst noch vor kurzem in die Schule gegangen wäre."

„Ich glaube, sie schaut älter aus, als sie ist."

„Mir hat es sehr gut gefallen, weil die Gedichte so geschrieben sind, wie wir normalerweise zu Hause sprechen."

„Ich habe es mir interessanter vorgestellt, so wie am Schluß ungefähr, aber manches hat mir trotzdem gefallen."

„Nach der Stunde dachte ich nach und kam darauf, daß uns einiges aus den Gedichten im alltäglichen Leben begegnet, wir es aber nicht besonders beachten. Auf der einen Seite freute ich mich, daß ich auf einiges aufmerksam gemacht worden war, auf der anderen Seite freute ich mich, daß die Deutschstunde draufgegangen war."

„Gedichte intialekt sind einmal etwas anderes.
Gut vormoliert
Gefallen: ja
Vortragen der Gedichte: erste klasse (spitze!)
Am meisten gefiel mir das Gedicht: De Mizi is ma Oboscht."

Sie treten manchmal auch im Rahmen eines bunten Programms auf. Warum?

Dem Laien wird der Ausdruck „Tingeln" nicht viel sagen. „Tingeln" stammt aus der Schauspielersprache, leitet sich von Tingeltangel ab und bedeutet soviel wie „auf Gastspielreise gehen".

Tingeln ist zwar nichts Verächtliches, wird aber von den Schauspielern irgendwie entschuldigend gebraucht, denn man kann an eine Darbietung solcher Art keine so hohen künstlerischen Maßstäbe anlegen wie an eine sorgfältig geprobte Aufführung in einem festen Haus.

In vielen Komödianten steckt noch immer die Lust des Fahrenden Volkes, die Freude an der Improvisation, der Spaß am Reisen.

Ich bin zwar keine Schauspielerin, aber trotzdem dem Reiz des Tingelns verfallen, wobei ich jetzt nicht die Dichterlesungen meine, bei denen ich allein den Abend gestalte. Wenn ich „tingeln" sage, denke ich an einen bunten Abend oder bunten Nachmittag, in dessen Ablauf meine Lesung nur ein Programmpunkt von höchstens fünfzehn Minuten ist, eine Nummer unter vielen.

Seinerzeit, gleich nach Kriegsende, als Salzburg von den Amerikanern besetzt war, habe ich das erste Mal getingelt.

Es gab keine oder nur eine sehr geringe Gage, aber meistens ein warmes Nachtmahl. Wir, meine Kollegen und ich, traten in Feuerwehrhallen und

Bierkellern, in Bars und Wirtshaussälen, in Theatern und Casinos auf, überall dort, wo sich die Besatzungstruppen eingenistet hatten, wurden mit dem Lastauto abgeholt und nach der Vorstellung in unsere Flüchtlingsquartiere zurückgebracht, müde und satt, aber auch übermütig und berauscht vom Erfolg.

Es war eine köstliche Zeit, in der wir in den Tag hinein lebten, nichts besaßen außer unserer Jugend und viel Hoffnung auf eine friedliche Zukunft.

Vielleicht ist die Erinnerung an jene Tingeleien daran schuld, daß ich auch heute nicht „nein" sagen kann, wenn der Ruf an mich ergeht.

Freilich hat sich viel geändert im Lauf der Jahre, aber allzuviel auch wieder nicht, wenn man's genau betrachtet. Der Veranstalter, meist ein Kulturverein, eine Gemeinde, die Gewerkschaft oder die Arbeiterkammer, beauftragt einen ihm bekannten Menschen mit dem Zusammenstellen eines bunten Programms. Der wieder wendet sich an ihm bekannte oder befreundete Künstler, teilt ihnen Ort, Termin und Gage mit und fragt, ob sie Zeit und Lust hätten. Schriftliches ist in den seltensten Fällen nötig. Künstler sind meist verläßlich und diesbezüglich weit besser als ihr Ruf.

Findet die Veranstaltung außerhalb von Wien statt, reisen manche Mitglieder des Ensembles mit dem eigenen Wagen an, manche per Bahn, oft tun sich ein paar zusammen und fahren gemeinsam. Wie durch ein Wunder finden sie in entlegenen Orten die entlegensten Spielplätze und sind pünktlich zur Stelle. Meist so früh, daß sie sich vor der Vorstellung noch einen Imbiß gönnen. Und ohne vorherige Verabredung trifft sich die Truppe in demselben Gasthaus, das alle mit nachtwandlerischer Sicherheit gefunden haben. Man setzt sich an den Tisch, ißt mit gutem Appetit, es wird geplaudert und geblödelt, daß es eine Freude ist, und alle bedauern, daß das gemütliche Zusammensein abgebrochen werden muß, weil man ja schließlich nicht nur zum Nachtmahlessen und Plaudern aufs Land gefahren ist, sondern um zu arbeiten.

Die Wäsche wird heutzutage nicht mehr weggehängt, aber die Komödianten werden doch noch ein bißchen argwöhnisch beäugt vom Volk, das herbeiströmt.

Gebe Gott, daß es strömt.

Jeder, der einmal tingelte, weiß: wenn es strömt, das Publikum, ist es gut, dann können wir es erobern. Aber wenn es nicht strömt, weil es in Strömen regnet oder im Fernsehen ein Kulenkampff seinen Charme verströmt, dann sinkt bei den Künstlern, den vorher im Wirtshaus so hochgestimmten, die Laune unter Null. Was bleibt, ist nur mehr Galgenhumor.

Aber gespielt muß werden, das ist Ehrensache; auch für die zwanzig, dreißig Leute, die trotzdem gekommen sind. Für die muß sogar doppelt und dreifach gut gespielt werden, zum Dank dafür, daß sie da sind. Und so spielen sich die Künstler die Seele aus dem Leib. Die Leute werden begeistert nach Hause gehen und am nächsten Tag allen Bekannten sagen: Ihr habt was versäumt gestern! Die Daheimgebliebenen werden bereuen und sich vornehmen, das nächste Mal bestimmt hinzugehen.

Ein buntes Programm ohne Musik wäre nicht bunt. Dazu braucht man einen Klavierspieler, bei besonders üppigen Veranstaltungen sogar ein kleines Musikensemble, das vorher, nachher und zwischendurch für Stimmung sorgt.

Der Klavierspieler ist ein armer Teufel. Die übrigen Mitwirkenden spielen auf dem eigenen Instrument, sei es auf der Singenden Säge, der Geige oder ihren Stimmbändern. Der Pianist ist auf das angewiesen, was man ihm vorsetzt. Und meist ist der Flügel oder das Pianino, auf dem er seine Musikalität beweisen soll, so greulich verstimmt, daß der Ärmste sich in Qualen windet, ganz zu schweigen von den zusätzlichen Leiden, die ihm das vom Sänger mitgebrachte Notenmaterial verursacht, das zerfledderte, das er noch dazu meist transponieren muß, weil es für den Vortragenden zu hoch, zu tief oder sonst ungeeignet ist. Der Klavierspieler hat mein tiefstes Mitgefühl.

Treten Sänger und Sängerin auf, dann zuerst jeder für sich im Solo, später im Duett. Sehr beliebt sind Operettenweisen, die kennt das Publikum und kann sie mitsummen. Sollten Sänger und Sängerin noch einmal auftreten müssen, empfiehlt sich Wienerisches, auch da ist man bereit mitzusingen oder sich wenigstens im Takt mitzuwiegen.

Tänzerinnen kommen in solchen Programmen kaum vor. Die brauchen nämlich Platz zum Herumschweben. Ein „Sterbender Schwan" auf einem kleinen Wirtshauspodium wäre unpassend, das leuchtet selbst dem ehrgeizigsten Veranstalter ein. Deshalb gibt es höchstens ein paar Tanzschrittchen der Soubrette, sollte eine solche engagiert worden sein.

Die Leute wollen lachen. Also sollte ein Humorist dabei sein. Einer, der sich den Hut schief aufsetzt, böhmakelt oder ein komisches Wienerlied singt.

Manchmal gesellt sich auch ein Zauberer zu der Truppe, was allerdings schwierig ist, weil er eine Menge Requisiten braucht und mit diesen schwer über Land fahren kann. Die Reihenfolge des Auftretens bestimmt meistens der Conférencier, der durch das Programm führt, die Künstler mit launigen Worten vorstellt und das Publikum durch Erzählen von Witzen in Stimmung bringt.

Die Zusammenstellung der Künstler mag ein wenig variieren. Was ewig gleich bleibt, ist die Atmosphäre hinter der Bühne, in der Garderobe.

Man hockt beisammen, und es begibt sich etwas Merkwürdiges: Alle, auch die, die sich nicht besonders mögen, werden auf einmal eine Gemeinschaft. Der Thespiskarren ist wieder auferstanden. Alle sind gespannt, wie das Publikum sein wird, sie sind nervös wie Rennpferde vor dem Start, sie wären bereit, Kulissen zu schieben, das Klavier zu rücken, auf jede Art zu improvisieren und mitzuhelfen, daß die Vorstellung gut über die Bühne geht.

Auch wenn es keine Bühne, sondern nur ein schäbiges Podium gibt.

Wie fühlt man sich, wenn man prominent ist?

Als junger Mensch hat man keinen sehnlicheren Wunsch als den, berühmt zu werden, als Sportler, als Wissenschaftler, als Künstler, als Helfer der Menschheit. Ich habe mir im Laufe der Jahre diesen Wunsch schön langsam abgewöhnt und bin dem Erfolg nicht mehr nachgelaufen.

Aber eines Tages ist er doch gekommen, ohne daß ich viel dazu getan hätte. Ich habe nur im richtigen Augenblick an den richtigen Menschen den richtigen Brief geschrieben (an Heinz Conrads, ich habe es erzählt), alles andere hat sich von selbst entwickelt.

Mein Enkel, damals war er sechs, hat bei einem Spaziergang sehr gestaunt, als mich eine fremde Frau im Park angesprochen und mir gedankt hat für meine Bücher; sie würde mich sehr verehren, hat sie gesagt.

„Oma, bist du eigentlich sehr berühmt?" hat er begehrlich gefragt. „Gelt, dich kennt ein jeder!"

Man stellt sich das Prominentsein schon als Kleinkind unsagbar erstrebenswert vor.

Es erhebt sich die Frage: Wann ist man eigentlich prominent?

Etwa dann,

wenn man für würdig befunden wird, in Pepi Treitls Autogrammsammlung aufgenommen zu werden, wenn man in der Gesellschaftsspalte einer Tageszeitung genannt wird,

wenn der Stenographenverband eine Stellungnahme verlangt, wieweit die Kurzschrift im Leben des Betreffenden eine Rolle spielt,

wenn man eingeladen wird, bei einer Wohltätigkeitsveranstaltung (gratis natürlich) mitzuwirken,

wenn man aufgefordert wird, im Rahmen der Wahlwerbung für den einen oder anderen Kandidaten mit Bild und Statement zu werben,

wenn man auf der Straße angesprochen wird: Sind Sie nicht . . .?

wenn sich die Leute darum reißen, einen zu Gast zu haben,

wenn man ersucht wird, ein Rezept für ein Prominenten-Kochbuch beizusteuern,

wenn man aufgefordert wird, einen Gegenstand aus persönlichem Besitz für eine Versteigerung zu wohltätigen Zwecken zu spenden,

wenn beim Pferderennen die Pferde um einen Preis galoppieren, der nach dem Betreffenden genannt wurde, obwohl dem Pferde- oder sonstige Rennen eher fernstehen.

Alles das mag zwar ehrenvoll sein, ob auch erstrebenswert, ist wohl eine Frage der persönlichen Einstellung.

Das Bekanntsein, das muß ich ehrlich bekennen, bringt aber auch Annehmlichkeiten mit sich, die einem das Leben erleichtern.

Etwa, wenn man beim Finanzamt anruft, mit Unbehagen, denn wer ruft dort schon mit Freude an, und freundlich begrüßt wird: „Gestern hab' ich mir erst ein Buch von Ihnen gekauft!"

Wenn man den Pannendienst bestellt und die Dame statt des üblich geknurrten: „Gehen Sie zum Fahrzeug und warten Sie!" zuvorkommend flötet: „Bleiben Sie nur zu Hause, warum sollen Sie frieren, ich ruf' Sie an, wenn unser Mann kommt. Dichten Sie inzwischen was Schönes!"

Wenn eine Telephonstörung über Nacht behoben wird, noch dazu am Wochenende.

Wenn der Bankkassier die Zinsen im Sparbuch ohne Aufforderung einträgt und lächelnd zitiert: „A Jahr is bald um!"

Oder wenn man am Naschmarkt besonders gut bedient wird: „I kenn' Ihna ja vom Heinzi . . .!"

Eine solche bevorzugte Behandlung zaubert ein wenig Licht in den grauen Alltag und bringt mehr ein als die Verleihung eines Verdienstordens.

Was mir bei meiner späten Karriere wichtiger ist als der Bekanntheitsgrad – der hält sich bei mir ohnehin in Grenzen, nämlich Landesgrenzen – ist die Tatsache, daß mir in einem für die Frau kritischen Lebensabschnitt eine neue Aufgabe zugewachsen ist.

Und gerade in dieser Zeit ist das Gefühl, geschätzt und vielleicht sogar geliebt zu werden, etwas sehr Schönes.

Dafür bin ich von Herzen dankbar.

Inhalt

Stammen Sie aus einer musischen Familie? 9
Sind Sie gern in die Schule gegangen? 12
Warum schreibt man eigentlich ein Gedicht? 14
Waren Sie eine gute Schülerin? 16
Welchen Beruf haben Sie erlernt? 21
Was ist aus Ihren Theaterplänen geworden? 24
Was haben Sie beruflich gemacht? 29
Wie ist Ihr erstes Buch entstanden? 33
Schreiben Sie eigentlich gern? 36
Was wollen Sie mit Ihren Büchern bewirken? 42
Welche Förderung würden Sie sich wünschen? 46
Lesen Sie gern? 49
Machen Sie viele Lesungen? 52
Werden Sie oft von Journalisten interviewt? 61
Was halten Sie von Kritiken? 64
Machen Sie oft Autogrammstunden in Buchhandlungen? 67
Schreiben Sie noch Gelegenheitsgedichte? 71
Wie sind Sie dazu gekommen, Liedertexte zu schreiben? 73
Warum schreiben Sie? 77
Wie entsteht ein Gedicht? 79
Warum schreiben Sie in Mundart? 83
Glauben Sie, daß Radio und Fernsehen vom Lesen abhalten? 85

Lesen Sie lieber vor alten oder vor jungen Leuten? 98
Sie treten manchmal auch im Rahmen eines bunten Programms auf. Warum? 102
Wie fühlt man sich, wenn man prominent ist? 108